FREMDSPRACHENTEXTE · FRANZÖSISCH

Éric-Emmanuel Schmitt

L'enfant de Noé

Herausgegeben von
Roswitha Guizetti

W0291484

Reclam

jeden dieser »Gerechten« wird in Yad Vashem, der Holocaust-Gedenkstätte in Jerusalem (s. dazu http://www.yadvashem.org/ und http://www1.yadvashem.org/righteous/index_righteous.html), eine symbolische Anzahl von Bäumen gepflanzt. Beispiele sind in Deutschland Oskar Schindler (*Schindlers Liste*) und in Belgien der om Autor zur Vorlage genommene Abbé Joseph André. Er setzte h besonders für die Rettung von Kindern ein, wobei er selbst in Untergrund gehen musste. Nach der Befreiung Namurs im Sep-ber 1944 bemühte er sich, jedes überlebende Kind seinen Eltern jüdischen Organisationen zu übergeben. Er wurde 1968 als echter« ausgezeichnet. Siehe auch S. 154.

Diese Ausgabe darf nur in der Bundesrepublik Deutschland, in Österreich und in der Schweiz vertrieben werden.

Vente autorisée en Allemagne, Autriche et Suisse uniquement.

RECLAMS UNIVERSAL-BIBLIOTHEK Nr. 9147
2005 Philipp Reclam jun. GmbH & Co. KG,
Siemensstraße 32, 71254 Ditzingen

Copyright für den Text © 2004 Éditions Albin Michel S. A., Paris

Druck und Bindung: Kösel GmbH & Co. KG,
Am Buchweg 1, 87452 Altusried-Krugzell
Printed in Germany 2020
RECLAM, UNIVERSAL-BIBLIOTHEK und
RECLAMS UNIVERSAL-BIBLIOTHEK sind eingetragene Marken
der Philipp Reclam jun. GmbH & Co. KG, Stuttgart
ISBN 978-3-15-009147-0
www.reclam.de

Lorsque j'avais dix ans, je faisais partie d'un groupe d'enfants que, tous les dimanches, on mettait aux enchères.

On ne nous vendait pas: on nous demandait de défiler sur une estrade afin que nous trouvions preneur. Dans le public pouvaient se trouver aussi bien nos vrais parents enfin revenus de la guerre que des couples désireux de nous adopter.

Tous les dimanches, je montais sur les planches en espérant être reconnu, sinon choisi.

Tous les dimanches, sous le préau de la Villa Jaune, j'avais dix pas pour me faire voir, dix pas pour obtenir une famille, dix pas pour cesser d'être orphelin. Les premières enjambées ne me coûtaient guère tant l'impatience me propulsait sur le podium, mais je faiblissais à mi-parcours, et mes mollets arrachaient péniblement le dernier mètre. Au bout, comme au bord d'un plongeoir, m'attendait le vide. Un silence plus

2 f. **mettre aux enchères** (f.): versteigern.
5 **une estrade:** Podest.
le preneur: Abnehmer.
9 **la planche:** (Dielen-)Brett, Planke.
10 **sinon:** wenn nicht (sogar).
11 **le préau:** überdachter Teil des Pausenhofs.
13 **un orphelin / une orpheline:** Waise.
14 **une enjambée:** (großer) Schritt.
15 **propulser:** vorantreiben.
16 **à mi-parcours:** auf halber Strecke.
le mollet: Wade.
arracher: herausreißen; hier: mit Mühe schaffen.
18 **le plongeoir:** Sprungbrett.

profond qu'un gouffre. De ces rangées de têtes, de ces chapeaux, crânes et chignons, une bouche devait s'ouvrir pour s'exclamer: «Mon fils!» ou: «C'est lui! C'est lui que je veux! Je l'adopte!» Les orteils crispés, le corps tendu vers cet appel qui m'arracherait à l'abandon, je vérifiais que j'avais soigné mon apparence.

Levé à l'aube, j'avais bondi du dortoir aux lavabos froids où je m'étais entamé la peau avec un savon vert, aussi dur qu'une pierre, long à attendrir et avare de mousse. Je m'étais coiffé vingt fois afin d'être certain que mes cheveux m'obéissent. Parce que mon costume bleu de messe était devenu trop étroit aux épaules, trop court aux poignets et aux chevilles, je me tassais à l'intérieur de sa toile rêche pour dissimuler que j'avais grandi.

1 **le gouffre:** Abgrund.
la rangée: Reihe.
2 **le crâne:** Schädel.
le chignon: Haarknoten, hochgesteckte Haare.
4 **un orteil:** Zeh.
crispé, e: verkrampft (*crisper:* verkrampfen, krampfhaft zusammenziehen).
6 **un abandon:** Verlassen; hier: Zustand des Verlassenseins.
8 **une aube:** Morgengrauen, Morgendämmerung.
bondir: springen.
le dortoir: Schlafsaal.
9 **entamer:** anbrechen, beginnen; hier: aufkratzen, rau machen.
10 **attendrir:** rühren, weich stimmen; hier: weich machen, auflösen.
14 **le poignet:** Handgelenk.
la cheville: (Fuß-)Knöchel.
15 **se tasser:** zusammensinken, sich klein machen.
rêche: rau.
16 **dissimuler:** verbergen.

Pendant l'attente, on ne sait pas si l'on vit un délice ou un supplice; on se prépare à un saut dont on ignore la réception. Peut-être va-t-on mourir? Peut-être va-t-on être applaudi?

Certes, mes chaussures faisaient mauvais effet. Deux morceaux de carton vomi. Plus de trous que de matière. Des béances ficelées par du raphia. Un modèle aéré, ouvert au froid, au vent et même à mes orteils. Deux godillots qui ne résistaient à la pluie que depuis que plusieurs couches de boue les avaient encrottés. Je ne pouvais me risquer à les nettoyer sous peine de les voir disparaître. Le seul indice qui permettait à mes chaussures de passer pour des chaussures, c'était que je les portais aux pieds. Si je les avais tenues à la main, sûr qu'on m'aurait gentiment désigné les poubelles. Peut-être aurais-je dû conserver mes sabots de semaine? Cependant, les visiteurs de la Ville Jaune ne pouvaient pas remarquer cela d'en bas! Et même! On n'allait pas me refuser pour des chaussures! Léonard le rouquin n'avait-il

1 **le délice:** Wonne, Genuss.
2 **le supplice:** Qual, Folter.
6 **vomi, e:** hier: wie ausgespuckt (*vomir:* erbrechen).
7 **la béance:** klaffendes Loch.
le raphia: Bast.
8 **aéré, e:** luftig.
9 **le godillot** (fam.): Treter, Latschen.
10 **la boue:** Schlamm.
11 **encrotter** (fam.): einsauen, verdrecken (*la crotte:* [Hunde-]Kot).
12 **sous peine de** (+ inf.): sonst, andernfalls.
16 **désigner:** weisen auf, zeigen.
17 **le sabot:** Holzschuh.
cependant: allerdings, indessen.
20 **le rouquin / la rouquine:** Rothaarige(r).

pas récupéré ses parents alors qu'il avait paradé pieds nus?

– Tu peux retourner au réfectoire, mon petit Joseph.

Tous les dimanches, mes espoirs mouraient sur cette phrase. Le père Pons suggérait que ce ne serait pas pour cette fois non plus et que je devais quitter la scène.

Demi-tour. Dix pas pour disparaître. Dix pas pour rentrer dans la douleur. Dix pas pour redevenir orphelin. Au bout de l'estrade, un autre enfant piétinait déjà. Les côtes m'écrasaient le cœur.

– Vous croyez que j'y arriverai, mon père?

– À quoi, mon garçon?

– À trouver des parents.

– Des parents! J'espère que *tes* vrais parents ont échappé au danger et qu'ils vont surgir bientôt.

À force de m'exhiber sans résultat, j'en venais à me sentir coupable. En fait, c'étaient eux qui tardaient à venir. À revenir. Mais était-ce seulement leur faute? Et vivaient-ils encore?

J'avais dix ans. Trois ans plus tôt, mes parents m'avaient confié à des inconnus.

1 **récupérer:** wiederbekommen, zurückbekommen.
3 **le réfectoire:** Speisesaal.
6 **suggérer:** nahe legen, vorschlagen; zu verstehen geben.
10 **piétiner:** (ungeduldig) trippeln.
11 **la côte:** Rippe.
écraser: zusammenpressen, zerdrücken.
16 **échapper:** entwischen, entkommen.
surgir: auftauchen.
17 **à force de** (+ inf.): durch dauerndes …
s'exhiber: sich zur Schau stellen.
18f. **tarder à venir:** auf sich warten lassen (*tarder:* zögern, sich verspäten).
22 **confier:** anvertrauen.

Depuis quelques semaines, la guerre était finie. Avec elle, s'était achevé le temps de l'espoir et des illusions. Nous autres, les enfants cachés, nous devions revenir à la réalité afin d'apprendre, comme on reçoit un coup sur la tête, si nous appartenions toujours à une famille ou si nous demeurions seuls sur terre …

2 **s'achever:** zu Ende gehen (*achever:* beenden, fertig machen).

Tout avait commencé dans un tramway.

Maman et moi traversions Bruxelles, assis au fond d'un wagon jaune qui crachait des étincelles en poussant des rugissements de tôle. Je pensais que c'étaient les étincelles du toit qui nous donnaient de la vitesse. Sur les genoux de ma mère, enveloppé par son parfum sucré, lové contre son col de renard, lancé à vive allure au milieu de la ville grise, je n'avais que sept ans mais j'étais le roi du monde: arrière, manants! laissez-nous passer! Les voitures s'écartaient, les charrettes s'affolaient, les piétons fuyaient tandis que le chauffeur nous conduisait, ma mère et moi, tel un couple en carrosse impérial.

Ne me demandez pas à quoi ressemblait ma mère: peut-on décrire le soleil? De maman venaient de la chaleur, de la force, de la joie. Je me souviens de ses effets plus que de ses traits. Auprès d'elle je riais, et jamais rien de grave ne pouvait m'arriver.

3 **cracher:** (aus)spucken.
une étincelle: Funken.
4 **le rugissement:** Brüllen, Heulen, Kreischen.
la tôle: Blech.
7 **se lover:** sich zusammenrollen.
le col de renard: Fuchspelzkragen.
9 **le manant** (vx.): Bauer.
10 **s'écarter:** zur Seite rücken, Platz machen.
10 f. **la charrette:** Karren.
11 **s'affoler:** in Panik geraten.
12 **tel:** hier: wie.
13 **impérial, e:** kaiserlich.
17 **le trait:** (Gesichts-)Zug.

Aussi, lorsque les soldats allemands montèrent, ne m'inquiétai-je pas. Je me contentai de jouer mon rôle d'enfant muet car, comme convenu avec mes parents qui craignaient que le yiddish ne me dénonce, je m'interdisais de parler sitôt que des uniformes vert-de-gris ou des manteaux de cuir noir approchaient. Cette année 1942, nous étions censés porter des étoiles jaunes mais mon père, en tailleur habile, avait trouvé le moyen de nous confectionner des manteaux qui permettaient d'escamoter l'étoile et de la faire réapparaître en cas de besoin. Ma mère appelait ça nos «étoiles filantes».

Tandis que les militaires conversaient sans prêter attention à nous, je sentis ma mère se raidir et trembler. Était-ce l'instinct? Avait-elle entendu une phrase révélatrice?

Elle se leva, mit sa main sur ma bouche et, à l'arrêt suivant, me poussa hâtivement au bas des marches. Une fois sur le trottoir, je demandai:

1 **aussi** (am Satzbeginn): daher.
2 **se contenter:** sich begnügen, sich zufrieden geben.
3 **muet, te:** stumm.
comme convenu: wie vereinbart.
4 **le yiddish:** Jiddisch, Sprache der Juden untereinander.
5 **sitôt** (auch: *aussitôt*): sobald.
7 **être censé, e faire qc:** etwas tun sollen, zu etwas verpflichtet sein.
9 **confectionner:** schneidern.
10 **escamoter:** verschwinden lassen.
11 f. **une étoile filante:** Sternschnuppe.
13 **converser:** sich unterhalten.
13 f. **prêter attention** (f.) **à qn:** jdn. beachten.
14 **se raidir:** starr werden (*raide:* steif, starr).
16 **révélateur, trice:** verräterisch (*révéler:* aufdecken, enthüllen).
18 **hâtivement:** hastig.

– C'est plus loin, chez nous! Pourquoi s'arrête-t-on déjà?

– Nous allons flâner, Joseph. Tu veux bien?

Moi, je voulais tout ce que voulait ma mère, même si je peinais à l'escorter sur mes jambes de sept ans tant son pas se montrait soudain plus vif, plus saccadé qu'à l'ordinaire.

En route, elle me proposa:

– Nous allons rendre visite à une grande dame, veux-tu?

– Oui. Qui?

– La comtesse de Sully.

– Elle mesure combien?

– Pardon?

– Tu m'as dit que c'était une grande dame …

– Je voulais dire qu'elle est noble.

– Noble?

Tout en m'expliquant qu'un noble était une personne de haute naissance qui descendait d'une très vieille famille, et que, pour sa noblesse même, il fallait lui marquer beaucoup de respect, elle me conduisit jusqu'au vestibule d'un superbe hôtel particulier où nous saluèrent des domestiques.

3 **flâner:** schlendern, spazieren.
5 **peiner:** Mühe haben.
escorter: begleiten.
6 **saccadé, e:** abgehackt, ruckartig.
19 **descendre:** hier: abstammen.
21 **marquer:** hier: bekunden, zeigen, erweisen.
22 **le vestibule:** Vorhalle.
superbe: großartig.
un hôtel particulier: Stadtvilla.
23 **le domestique:** Diener.

Là, je fus désappointé car la femme qui vint vers nous ne correspondait pas à ce que j'avais imaginé: bien qu'issue d'une «vieille» famille, la comtesse de Sully avait l'air très jeune et, quoique «grande» dame de «haute» naissance, elle ne mesurait guère plus que moi.

Elles conversèrent rapidement à voix basse puis ma mère m'embrassa, me demandant de l'attendre ici jusqu'à son retour.

La petite, jeune et décevante comtesse m'emmena dans son salon où elle me servit des gâteaux, du thé et me joua des airs au piano. Devant la hauteur des plafonds, l'abondance du goûter et la beauté de la musique, j'acceptai de reconsidérer ma position et, m'enfonçant à l'aise au fond d'un fauteuil capitonné, j'admis qu'elle était une «grande dame».

Elle s'arrêta de jouer, avisa l'horloge avec un soupir, puis s'approcha de moi, le front barré par un souci.

– Joseph, je ne sais pas si tu comprendras ce que je vais te dire mais notre sang nous interdit de cacher la vérité aux enfants.

1 **désappointé, e:** enttäuscht.
3 **issu, e de:** hervorgegangen aus.
10 **décevant, e:** enttäuschend (Verb: *décevoir*).
12 **un air:** hier: Melodie.
13 **une abondance:** Fülle.
14 **reconsidérer:** noch mal überdenken.
15 **s'enfoncer:** sich eingraben, versinken.
le fauteuil capitonné: Polstersessel.
16 **admettre:** anerkennen, zugeben.
17 **aviser:** anblicken.
un horloge: (Stand-)Uhr.
17f. **le soupir:** Seufzer (dazu: *soupirer*).
18 **barré, e:** verriegelt; hier: verdunkelt.

Si c'était une coutume chez les nobles, pourquoi me l'imposait-elle? Croyait-elle que j'étais également noble? D'ailleurs, l'étais-je? Moi, noble? Peut-être … Pourquoi pas? Si, comme elle, il ne fallait être ni grand ni vieux, j'avais mes chances.

– Joseph, tes parents et toi êtes en grave danger. Ta mère a entendu parler d'arrestations qui vont avoir lieu dans votre quartier. Elle est allée prévenir ton père et le plus de personnes possible. Elle t'a confié à moi pour te protéger. J'espère qu'elle reviendra. Voilà. J'espère vraiment qu'elle reviendra.

Eh bien, je préférais ne pas être noble tous les jours: la vérité, c'était plutôt douloureux.

– Maman revient toujours. Pourquoi elle ne reviendrait pas?

– Elle pourrait être arrêtée par la police.

– Qu'est-ce qu'elle a fait?

– Elle n'a rien fait. Elle est …

Là, la comtesse exhala une longue plainte de poitrine qui entrechoqua les perles de son collier. Ses yeux se mouillèrent.

– Elle est quoi? demandai-je.

– Elle est juive.

1 **la coutume:** Brauch, Sitte.
2 **imposer:** aufzwingen.
8 **prévenir:** benachrichtigen, warnen.
19 **exhaler:** ausstoßen.
la plainte: Seufzer, Klage.
20 **entrechoquer:** gegeneinander, aneinander stoßen lassen, klirren, klingen lassen.
le collier: Halskette.
21 **se mouiller:** feucht werden (dazu: *mouillé, e*).
23 **juif, juive:** jüdisch (*le juif / la juive:* Jude, Jüdin).

– Ben oui. On est tous juifs dans la famille. Moi aussi, tu sais.

Parce que j'avais raison, elle m'embrassa sur les deux joues.

– Et toi, tu es juive, madame?

– Non. Je suis belge.

– Comme moi.

– Oui, comme toi. Et chrétienne.

– Chrétienne, c'est le contraire de juif?

– Le contraire de juif, c'est nazi.

– On n'arrête pas les chrétiennes?

– Non.

– Alors c'est mieux d'être chrétienne?

– Ça dépend en face de qui. Viens, Joseph, je vais te faire visiter ma maison en attendant que ta maman revienne.

– Ah! tu vois qu'elle reviendra!

La comtesse de Sully me saisit une main et m'emmena par les escaliers qui s'envolaient aux étages admirer des vases, des tableaux, des armures. Dans sa chambre, je découvris un mur entier de robes pendues à des cintres. Chez nous aussi, à Schaerbeek, nous vivions parmi les costumes, les fils et les tissus.

1 **ben oui** (fam.): klar doch.
14 **en face de:** gegenüber, vor.
18 **saisir:** ergreifen.
19 **s'envoler:** hier: sich emporschwingen.
20 **une armure:** Rüstung.
21 f. **pendu, e:** aufgehängt, hängend (*pendre:* hängen).
22 **le cintre:** Kleiderbügel.
Schaerbeek: Vorort von Brüssel.
23 **le fil:** Faden.
le tissu: Stoff.

– Tu es tailleur, comme papa?

Elle rit.

– Non. J'achète les toilettes que réalisent les couturiers comme ton papa. Il faut bien qu'ils travaillent pour quelqu'un, non?

J'approuvai de la tête mais je dissimulai à la comtesse qu'elle n'avait sans doute pas choisi ses vêtements chez nous car je n'avais jamais vu d'aussi beaux effets chez papa, ces velours brodés, ces soies lumineuses, ces dentelles aux poignets, ces boutons qui scintillaient tels des bijoux.

Le comte arriva et, après que la comtesse lui eut décrit la situation, il me considéra.

Lui se rapprochait beaucoup plus du portrait d'un noble. Grand, fin, vieux – en tout cas, sa moustache lui donnait un air vénérable –, il me toisait de si haut que je compris que c'était pour lui qu'on avait repoussé les plafonds.

– Viens manger avec nous, mon enfant.

3 **la toilette:** (Abend-)Kleid.
3f. **le couturier:** Modeschöpfer.
6 **approuver de la tête:** nicken (*approuver:* zustimmen, billigen).
9 **les effets** (m.): hier: Kleidungsstücke.
le velours: Samt.
brodé, e: bestickt.
9f. **lumineux, se:** leuchtend.
10 **la dentelle:** Spitze.
11 **scintiller:** glitzern, funkeln.
14 **se rapprocher:** näher kommen; hier: gleichen.
15 **la moustache:** Schnauzbart.
16 **un air:** hier: Aussehen.
vénérable: ehrwürdig.
toiser: mit Blicken messen, (verächtlich) anschauen.
17f. **repousser:** hier: höher setzen.

La voix était celle d'un noble, ça, j'en étais certain! Une voix solide, épaisse, grave, de la couleur des statues de bronze qu'éclairaient les chandelles.

Pendant le dîner, je m'acquittai avec politesse de la conversation obligée quoique je fusse absorbé par cette question d'origine: étais-je noble ou pas? Si les Sully se trouvaient prêts à m'aider et à me recueillir, était-ce parce que j'appartenais à la même lignée qu'eux? Donc noble?

Au moment où nous passions au salon pour boire une tisane de fleurs d'oranger, j'aurais pu exposer mes interrogations à voix haute mais, par peur d'une réponse négative, je préférai vivre encore un peu plus longtemps avec cette flatteuse question …

J'avais dû m'endormir quand la sonnette retentit. Lorsque, du fauteuil où je gisais engourdi, je vis surgir mon père et ma mère sur le palier du vestibule, je compris pour la première fois qu'ils étaient différents. Les épaules courbées dans leurs vêtements ternes, des valises de carton à la main, ils parlaient avec beau-

3 **la chandelle:** Kerze.
4 **s'acquitter:** (einer Verpflichtung) nachkommen.
5 **obligé, e:** unvermeidlich.
7 **recueillir:** hier: aufnehmen, empfangen.
8 **la lignée:** Nachkommenschaft.
11 **une tisane:** Kräutertee.
un oranger: Orangenbaum.
14 **flatteux, se:** schmeichelhaft.
15 **retentir:** ertönen.
16 **je gisais** (litt.): Imperfekt von *gésir:* (da)liegen.
engourdi, e: schläfrig, benommen.
17 **le palier:** Treppenabsatz.
19 **courbé, e:** gekrümmt.
terne: farblos, unscheinbar.

coup d'incertitude, d'inquiétude, comme s'ils craignaient autant la nuit d'où ils venaient que les hôtes brillants auxquels ils s'adressaient. Je me demandai si mes parents n'étaient pas pauvres.

– Une rafle! Ils arrêtent tout le monde. Les femmes et les enfants aussi. La famille Rosenberg. La famille Meyer. Les Laeger. Les Perelmuter. Tous ...

Mon père pleurait. Ça me gênait qu'il vienne pleurer, lui qui ne pleurait jamais, chez des gens tels que les Sully. Qu'est-ce que cela voulait dire, cette familiarité? Que nous étions nobles? Sans bouger de la bergère où l'on me croyait assoupi, je surveillais et j'écoutais tout.

– Partir ... Partir où? Pour rejoindre l'Espagne, il faudrait pouvoir traverser la France qui n'offre pas plus de sécurité. Et sans faux papiers ...

– Tu vois, Mishke, disait ma mère, on aurait dû accompagner tante Rita au Brésil.

– Avec mon père qui était malade, jamais!

– Il est mort, maintenant, Dieu ait son âme.

– Oui, il est trop tard.

Le comte de Sully mit un peu d'ordre dans la discussion.

1 **une inquiétude:** Unruhe, Bangen.
2 **un hôte:** Gastgeber.
3 **brillant, e:** glänzend, vornehm.
5 **la rafle:** Massenverhaftung, Razzia.
8 **gêner:** stören, unangenehm sein.
10 f. **la familiarité:** Vertrautheit.
11 f. **la bergère:** Ohrensessel.
12 **s'assoupir:** eindösen, einnicken.
14 **rejoindre:** erreichen, gelangen zu/nach.
20 **Dieu ait son âme:** Gott sei seiner Seele gnädig.

– Je vais prendre soin de vous.

– Non, monsieur le comte, nous, notre sort n'a pas d'importance. C'est Joseph qu'il faut sauver. Lui d'abord. Et lui seul, s'il faut qu'il en soit ainsi.

– Oui, renchérit ma mère, c'est Joseph qu'il faut mettre à l'abri.

Selon moi, tant d'égards confirmaient mon intuition que j'étais noble. En tout cas, je l'étais aux yeux des miens.

Le comte les calma de nouveau.

– Bien sûr, je vais m'occuper de Joseph. Je vais m'occuper de vous aussi. Cependant vous devrez accepter d'être provisoirement séparés de lui.

– Mon Josephélé ...

Ma mère s'effondra dans les bras de la petite comtesse qui lui tapota gentiment les épaules. À la différence des larmes de mon père qui m'avaient embarrassé, les siennes me déchiraient.

Si j'étais noble, je ne pouvais plus prétendre dormir! Chevaleresque, je bondis du fauteuil pour consoler ma maman. Pourtant, je ne sais ce qui me prit en

1 **prendre soin:** sich kümmern.
2 **le sort:** Schicksal.
5 **renchérir:** teurer werden; hier: mit Nachdruck wiederholen.
6 **mettre à l'abri:** in Sicherheit bringen (*un abri:* Schutz, Unterschlupf).
7 **selon:** gemäß, nach Meinung von.
un égard: Aufmerksamkeit.
9 **le mien / la mienne** (genauso: *le tien, le sien* ...): der/die Meine.
15 **s'effondrer:** zusammenbrechen, sich auflösen, dahinsinken.
16 **tapoter:** tätscheln.
17f. **embarrasser:** verwirren, stören.
19 **prétendre** (+ inf.): vorgeben.
20 **chevaleresque:** ritterlich, ganz Kavalier (dazu: *le chevalier*).

arrivant près d'elle, ce fut le contraire qui se produisit: je m'accrochai à ses jambes et me mis à sangloter plus fort qu'elle. En une seule soirée, les Sully auraient vu pleurer la tribu entière! Allez faire croire, après, que nous étions nobles, nous aussi.

Pour opérer une diversion, mon père ouvrit alors ses valises.

– Tenez, monsieur le comte. Puisque je ne pourrai jamais vous payer, je vous donne tout ce que je possède. Voici mes derniers costumes.

Et il souleva, tenus par des cintres, les vestes, pantalons et gilets qu'il avait confectionnés. Il les flattait du revers de la main, avec le geste habituel qu'il avait à la boutique, une preste caresse qui valorisait la marchandise en soulignant le tombé et la souplesse du tissu.

1 f. **se produire:** vorgehen, geschehen.
2 **s'accrocher:** sich festklammern.
sangloter: schluchzen (dazu: *le sanglot*).
4 **la tribu:** Stamm; hier (fam.): Familie.
allez faire croire: und dann soll einer noch glauben ...
6 **opérer une diversion:** eine Ablenkung herbeiführen, ablenken, in eine andere Richtung lenken (*opérer:* durchführen, vornehmen, bewirken).
11 **soulever:** hochheben.
12 **le gilet:** Weste.
flatter: hier: streicheln, darüberstreichen.
13 **le revers de la main:** Handrücken.
14 **la boutique:** Laden, Verkaufsraum.
preste: rasch, gewandt.
la caresse: Zärtlichkeit.
valoriser: den Wert betonen.
15 **le tombé:** Fall (eines Stoffes).
la souplesse: Weichheit, Geschmeidigkeit, Schmiegsamkeit (dazu: *souple*).

J'étais soulagé que mon père n'eût pas visité la chambre de la comtesse avec moi et que la vue de ses beaux vêtements lui eût été épargnée, sinon il serait mort sur-le-champ, foudroyé de confusion pour oser soumettre des articles si communs à des personnes si raffinées.

– Je ne veux être payé en aucune façon, mon ami, dit le comte.

– J'insiste …

– Ne m'humiliez pas. Je n'agis pas par intérêt. S'il vous plaît, gardez vos précieux trésors, ils pourront vous être utiles.

Le comte avait appelé «trésors» les costumes de mon père! Quelque chose m'échappait. Peut-être m'étais-je trompé?

On nous fit monter au dernier niveau de la résidence où l'on nous installa dans une chambre mansardée.

J'étais fasciné par le champ d'étoiles sur lequel s'ouvrait la fenêtre découpée au milieu du toit. Aupa-

1 **soulager:** erleichtern (dazu: *le soulagement*).
3 **épargner:** ersparen.
4 **sur-le-champ:** auf der Stelle.
foudroyé, e: (wie) vom Blitz getroffen.
5 **soumettre:** vorlegen, unter die Augen bringen.
commun, e: gewöhnlich.
6 **raffiné, e:** edel, vornehm.
10 **humilier:** demütigen.
un intérêt: hier: Eigennutz.
11 **le trésor:** Schatz.
14 **échapper:** hier: nicht mitbekommen.
16 **le niveau:** hier: Stockwerk.
17 **installer:** hier: unterbringen.
mansardé, e: mit schrägen Wänden.
19 **découpé, e:** ausgespart, ausgeschnitten.
19f. **auparavant:** früher.

ravant, je n'avais pas l'occasion d'observer le ciel car de notre appartement au sous-sol je n'entrevoyais par le soupirail que des chaussures, des chiens et des cabas. La voûte universelle, ce velours profond parsemé de diamants, me paraissait l'aboutissement logique d'une demeure noble où la beauté éclatait à chaque étage. Ainsi, les Sully, eux, avaient au-dessus d'eux, non un immeuble de six ménages et leur progéniture, mais le ciel et les astres qui ne pèsent pas. J'aimais bien être noble.

– Tu vois, Joseph, me dit maman, cette étoile-là, c'est notre étoile. À toi et à moi.

– Comment s'appelle-t-elle?

– Les gens l'appellent l'étoile du berger; nous, nous l'appellerons «l'étoile de Joseph et de maman».

Ma mère avait tendance à renommer les étoiles.

Elle me mit les mains sur les yeux, me fit tourniquer puis me désigna le ciel.

– Où est-elle? Peux-tu me la montrer?

2 **le sous-sol:** Kellergeschoss, Souterrain.
entrevoir: flüchtig, undeutlich sehen.
3 **le soupirail:** (kleines) Kellerfenster.
3 f. **le cabas:** Einkaufstasche.
4 **la voûte universelle:** Himmelsgewölbe, Sternenhimmel.
parsemé, e: überstreut.
5 **un aboutissement:** Ergebnis.
6 **la demeure:** Wohnsitz (dazu: *demeurer*).
éclater: platzen; hier: ins Auge springen.
8 **la progéniture:** Nachkommenschaft.
9 **un astre:** Gestirn.
peser: hier: belasten, erdrücken.
14 **l'étoile du berger:** Venus, Morgen-/Abendstern (*le berger:* Hirte, Schäfer).
16 **renommer:** umbenennen.
17 f. **tourniquer:** hier: um sich herumdrehen.

Dans l'immensité, j'appris à reconnaître à coup sûr «l'étoile de Joseph et de maman».

En me serrant contre sa poitrine, ma mère fredonnait une berceuse en yiddish. Dès qu'elle finissait la chanson, elle me demandait de lui désigner notre étoile. Puis elle chantait de nouveau. Je résistais à ma chute dans le sommeil, attaché à vivre intensément ce moment.

Mon père, au fond de la chambre, au-dessus de ses valises, rangeait et re-rangeait ses costumes en maugréant. Entre deux couplets susurrés par ma mère, j'eus la force de lui demander:

– Papa, tu m'apprendras à coudre?

Désarçonné, il tardait à répondre.

– Oui, insistai-je. J'aimerais bien faire des trésors. Comme toi.

Il s'approcha de moi et, lui qui témoignait fréquemment de tant de raideur et de distance, me pressa contre lui pour m'embrasser.

– Je t'apprendrai tout ce que je sais, Joseph. Et même ce que je ne sais pas.

1 **à coup sûr:** mit großer Sicherheit.
3f. **fredonner:** summen.
4 **la berceuse:** Schlaflied.
7 **attaché, e:** hier: bemüht.
vivre: auch: erleben, durchleben.
10f. **maugréer:** vor sich hin schimpfen.
11 **le couplet:** Strophe.
susurrer: murmeln, flüstern.
13 **coudre:** nähen.
14 **désarçonner:** aus der Fassung bringen.
17 **témoigner de qc:** etwas bezeugen; hier: zeigen.
17f. **fréquemment:** häufig.
18 **la raideur:** Strenge.

D'ordinaire, sa barbe noire, drue et piquante, devait lui être douloureuse car il se frottait souvent les joues et ne laissait personne la toucher. Ce soir-là, il n'en pâtissait sans doute pas et m'autorisa à la palper avec curiosité.

– C'est doux, non? murmura maman en rougissant, comme si elle me faisait une confidence.

– Allons, ne dis pas de sottises, gronda papa.

Bien qu'il y eût deux lits, un grand et un petit, maman insista pour que je m'allonge avec eux sur le grand. Mon père ne s'y opposa pas longtemps. Il était vraiment différent depuis que nous étions nobles.

Et là, en fixant les étoiles qui chantaient en yiddish, je dormis une dernière fois dans les bras de ma mère.

1 **dru, e:** dicht.
piquant, e: stachelig.
4 **pâtir de:** leiden unter.
palper: befühlen, betasten.
6 **murmurer:** murmeln.
8 **la sottise:** Dummheit.
gronder: schimpfen.
13 **fixer:** hier: unverwandt anschauen.

Nous ne nous sommes jamais dit adieu. Peut-être est-ce dû à l'enchaînement confus des circonstances? Peut-être fut-ce délibéré de leur part? Sans doute ne voulaient-ils pas vivre cette scène, encore moins me la faire vivre ... Le fil se rompit sans que j'en prisse conscience: ils s'absentèrent l'après-midi du lendemain et ne revinrent plus.

Chaque fois que je demandais au comte et à la minuscule comtesse où mes parents se trouvaient, la réponse tombait, invariable: «À l'abri.»

Je m'en contentais, car mon énergie était absorbée par la découverte de ma nouvelle vie: ma vie de noble.

Lorsque je n'explorais pas seul les coins et recoins de cette habitation, lorsque je n'assistais pas à la danse des bonnes attelées à raviver l'argenterie, battre les tapis ou regonfler les coussins, je passais des heures au salon avec la comtesse qui perfectionnait mon français

1 f. **c'est dû à:** das liegt an ...
2 **un enchaînement:** Verkettung (*enchaîner:* aneinander reihen).
3 **délibérer:** beraten, überlegen; hier: beschließen.
5 **se rompre:** zerbrechen, zerreißen (*rompre:* brechen).
5 f. **prendre conscience:** sich bewusst werden (*la conscience:* Bewusstsein, Erkenntnis).
6 **s'absenter:** weggehen.
13 **le recoin:** hinterster Winkel (dazu: *le coin*).
15 **la bonne:** Hausmädchen.
atteler: einspannen; hier: zu einer Arbeit heranziehen.
raviver: anfachen; hier: wieder zum Glänzen bringen.
une argenterie: Silberzeug.
16 **le tapis:** Teppich.
regonfler: wieder aufblasen; hier: (Kissen) aufklopfen.

et m'interdisait la moindre expression en yiddish. Je me comportais d'autant plus docilement qu'elle me gavait de gâteaux et de valses au piano. Surtout, j'étais persuadé que l'acquisition définitive de mon statut de noble nécessitait la maîtrise de cette langue, certes terne, difficile à prononcer, bien moins cocasse et colorée que la mienne, mais douce, mesurée, distinguée.

Devant les visiteurs, je devais appeler le comte et la comtesse «mon oncle» et «ma tante» car ils me faisaient passer pour un de leurs neveux hollandais.

J'en étais venu à croire que c'était vrai lorsqu'un matin la police entoura la maison.

– Police! Ouvrez! Police!

Des hommes frappaient à la porte principale d'une façon violente, la sonnette ne leur suffisant pas.

– Police! Ouvrez! Police!

En déshabillé de soie, la comtesse fit irruption dans ma chambre, me saisit entre ses bras et m'emporta jusqu'à son lit.

– Ne crains rien, Joseph, réponds en français, toujours comme moi.

1 **le/la moindre:** der/die geringste.
2 **docilement:** brav, gefügig.
3 **gaver:** voll stopfen, überfüttern.
4 **une acquisition:** Erwerb(ung).
5 **nécessiter:** erfordern.
la maîtrise: Beherrschung.
certes (adv.): gewiss.
6 **cocasse** (fam.): nett, drollig.
7 **mesuré, e:** gemessen, besonnen.
distingué, e: vornehm.
9f. **faire passer pour:** ausgeben als.
17 **le déshabillé:** Morgenrock.
faire irruption (f.): eindringen, hereinstürzen.

Alors que les policiers grimpaient l'escalier, elle entama la lecture d'une histoire, elle et moi adossés aux oreillers, comme si de rien n'était.

Lorsqu'ils pénétrèrent, ils nous jetèrent un œil furibond.

– Vous cachez une famille juive!

– Fouillez tout ce que vous voulez, dit-elle en les traitant de haut, auscultez les murs, fracturez les malles, soulevez les lits: de toute façon, vous ne trouverez rien. En revanche, dès demain, je peux vous garantir que vous entendrez parler de moi.

– Il y a eu une dénonciation, madame.

Sans se démonter, la comtesse s'indigna qu'on crût n'importe qui, prévint que l'affaire ne s'arrêterait pas là mais remonterait jusqu'au palais puisqu'elle était intime avec la reine Elisabeth, puis annonça aux fonctionnaires que cette boulette allait leur coûter leur carrière, ça, ils pouvaient lui faire confiance!

1 **grimper:** hochsteigen.
2 **s'adosser:** sich anlehnen.
4 **pénétrer:** eindringen.
4f. **furibond, e:** wutentbrannt.
7 **fouiller:** durchwühlen (dazu: *la fouille:* Durchwühlen, Kontrolle).
8 **de haut:** von oben herab.
ausculter: abhorchen.
fracturer: aufbrechen.
9 **la malle:** (Übersee-)Koffer.
10 **en revanche** (f.): dafür.
12 **la dénonciation:** Anzeige (auch: Verrat, Denunzierung).
13 **se démonter:** die Fassung verlieren.
s'indigner: sich empören, sich entrüsten.
14 **n'importe qui:** irgendjemand.
16 **intime:** hier: eng befreundet.
16f. **le fonctionnaire:** (Regierungs-)Beamter.
17 **la boulette** (fam.): Schnitzer, Tritt ins Fettnäpfchen.

– Maintenant, fouillez! Fouillez vite!

Devant tant d'assurance et d'indignation, le chef des policiers ébauchait presque un recul.

– Puis-je vous demander, madame, qui est cet enfant?

– Mon neveu. Le fils du général von Grebels. Dois-je vous présenter notre arbre généalogique? Vous cherchez à vous suicider, mon garçon!

Après une fouille infructueuse, les policiers partirent en bafouillant des excuses, patauds, honteux.

La comtesse jaillit du lit. À bout de nerfs, elle se mit à pleurer et à rire en même temps.

– Tu as surpris un de mes secrets, Joseph, un de mes tours de femme.

– Lequel?

– Accuser au lieu de se justifier. Attaquer lorsqu'on est soupçonné. Mordre plutôt que se défendre.

– C'est réservé aux femmes?

– Non. Tu peux t'en servir.

Le lendemain, les Sully m'annoncèrent que je ne pourrais plus rester chez eux car leur mensonge ne résisterait pas à une enquête.

3 **ébaucher:** andeuten, fast tun.
le recul: Rückzieher.
6 **un arbre généalogique:** Stammbaum.
8 **infructueux, se:** fruchtlos, ergebnislos.
9 **bafouiller:** stammeln.
pataud, e: plump.
honteux, se: beschämt, schmachvoll.
10 **jaillir:** herausspritzen, emporschießen; hier: hochspringen.
12 **surprendre:** hier: zufällig herauskriegen.
13 **le tour:** hier: Trick, List.
15 **se justifier:** sich rechtfertigen.
16 **soupçonner:** verdächtigen (dazu: *le soupçon:* Verdacht).
21 **une enquête:** Untersuchung, Ermittlung.

– Le père Pons va venir et il s'occupera de toi. Tu ne peux être entre de meilleures mains. Tu devras l'appeler «mon père».

– Bien, mon oncle.

– Tu ne l'appelleras pas «mon père» pour faire croire qu'il est ton père, comme tu m'appelles «mon oncle». Le père Pons, tout le monde l'appelle «mon père».

– Même vous?

– Même nous. C'est un prêtre. Nous disons «mon père» quand nous nous adressons à lui. Les policiers aussi. Les soldats allemands aussi. Tout le monde. Même ceux qui ne croient pas.

– Ceux qui ne croient pas qu'il est leur père?

– Même ceux qui ne croient pas en Dieu.

J'étais très impressionné de rencontrer quelqu'un qui était le «père» du monde entier, ou qui passait pour tel.

– Le père Pons, demandai-je, a-t-il un rapport avec la pierre ponce?

Je songeais à cette pierre douce et légère que, depuis quelques jours, la comtesse m'apportait dans mon bain pour que je me frotte les pieds et que j'en ôte les peaux mortes et cornées. De la forme d'une souris, l'objet me fascinait par sa faculté de flotter –

18 **tel, telle:** ein solcher, eine solche.
20 **la pierre ponce:** Bimsstein (*ponce* wird wie *Pons* ausgesprochen).
21 **songer:** hier: denken.
24 **ôter:** entfernen.
corné, e: verhornt.
25 **la faculté:** Fähigkeit.
flotter: (auf dem Wasser) schwimmen.

on n'attend pas cela d'une pierre – et de changer de couleur dès qu'elle était mouillée – du blanc grisé au noir anthracite. Les Sully éclatèrent de rire.

– Je ne vois pas pourquoi vous rigolez, dis-je, vexé. Ce pourrait être lui qui l'a découverte ... ou inventée ... la pierre ponce. Après tout, il a bien fallu que quelqu'un le fasse!

Cessant de se moquer, les Sully hochèrent la tête.

– Tu as raison, Joseph: ce pourrait être lui. Il n'a cependant aucun rapport avec la pierre.

Il n'empêche. Lorsqu'il sonna puis entra à l'hôtel de Sully, je devinai immédiatement qu'il s'agissait de lui.

L'homme, long, étroit, donnait l'impression d'être composé de deux parties sans rapport entre elles: la tête et le reste. Son corps semblait immatériel, une étoffe dépourvue de relief, une robe noire aussi plate que si elle était accrochée à un cintre, d'où dépassaient des bottines brillantes qu'on ne voyait enfilées à aucune cheville. En revanche, la tête jaillissait, rose, charnue, vivante, neuve, innocente, tel un bébé sor-

2 **blanc grisé:** weißgrau.
3 **noir anthracite:** schwarz wie (Anthrazit-)Kohle.
éclater de rire: laut auflachen.
4 **vexé, e:** verärgert (*vexer:* verärgern, Ärger machen).
8 **hocher la tête:** nicken.
11 **il n'empêche:** hier: egal, wie auch immer.
12 **deviner:** erraten.
13 **étroit, e:** schmal.
15 **immatériel, le:** ätherisch, durchscheinend.
16 **dépourvu, e de:** völlig ohne, beraubt.
18 **la bottine:** (Halb-)Stiefel.
enfiler: anziehen, überstreifen.
20 **charnu, e:** fleischig.

tant du bain. On avait envie de l'embrasser, de la prendre entre ses mains.

– Bonjour, mon père, dit le comte. Voici Joseph.

Je le contemplais en essayant de comprendre pourquoi son visage non seulement me surprenait peu mais avait l'aspect d'une confirmation. Confirmation de quoi? Ses yeux noirs me considéraient avec bienveillance derrière le cercle de ses légères lunettes.

Soudain, la lumière se fit.

– Vous n'avez pas de cheveux! m'exclamai-je.

Il sourit et, à cet instant-là, je commençai à l'aimer.

– J'en ai perdu beaucoup. Le peu qui pousse, je le rase.

– Pourquoi?

– Pour ne pas perdre du temps à me coiffer.

Je pouffai. Ainsi, lui-même ne saisissait pas pourquoi il était chauve? C'était trop drôle ... Les Sully me regardaient avec une mine interrogative. Eux non plus? Allais-je leur dire? Enfin, c'était pourtant évident: le père Pons avait le crâne aussi lisse qu'un galet parce qu'il devait ressembler à son nom: Pierre Ponce!

4 **contempler:** aufmerksam betrachten.
6 **la confirmation:** Bestätigung.
8 **la bienveillance:** Wohlwollen (dazu: *bienveillant, e*).
8f. **les lunettes** (f., nur pl.): Brille.
10 **la lumière se fit:** mir ging ein Licht auf.
11 **s'exclamer:** ausrufen.
17 **pouffer:** losprusten.
saisir: hier: erfassen, begreifen.
18 **chauve:** kahl.
21 **lisse:** glatt.
22 **le galet:** Kieselstein.

À leur étonnement persistant, je sentis cependant que je devais me taire. Quitte à passer pour un imbécile …

– Sais-tu faire du vélo, Joseph?

– Non.

Je n'osais pas avouer la raison de cette infirmité: depuis le début de la guerre, mes parents, prudents, m'interdisaient de m'amuser dans la rue. En jeu, j'étais donc très en retard sur les gamins de mon âge.

– Alors je vais t'apprendre, reprit le père. Tu vas tâcher de te tenir derrière moi. Accroche-toi.

Dans la cour de la demeure, m'appliquant à mériter la fierté des Sully, j'eus besoin de plusieurs tentatives pour parvenir à rester sur le porte-bagages.

– Essayons maintenant dans la rue.

Lorsque j'y arrivai, le comte et la comtesse s'approchèrent. Ils m'embrassèrent prestement.

– À bientôt, Joseph. Nous irons te rendre visite. Attention au Gros Jacques, mon père.

À peine eus-je le temps de comprendre qu'il s'agissait d'un adieu que le père et moi roulions à travers

1 **persistant, e:** andauernd (*persister:* beharren).
2 **quitte à** (+ inf.): auf die Gefahr hin.
6 **une infirmité:** Schwäche, Mangel.
9 **être en retard sur qn:** gegenüber jdm. im Rückstand sein.
le gamin (fam.): Junge (dazu: *la gamine*).
11 **reprendre:** (das Wort) wieder aufnehmen, fortfahren.
12 **tâcher:** versuchen.
13 **s'appliquer:** sich Mühe geben (dazu: *une application:* Eifer).
mériter: verdienen.
14 **la tentative:** Versuch.
15 **parvenir à** (+ inf.): schaffen, zustande bringen.
le porte-bagages: Gepäckträger.

les rues de Bruxelles. Vu que mon attention se focalisait sur le maintien de mon équilibre, je ne pus m'abandonner à mon chagrin.

Sous une pluie fine qui transformait le goudron en miroir huileux, nous avancions, rapides, frémissants, vacillant sur quelques centimètres de boyaux.

– Si nous rencontrons le Gros Jacques, penche-toi contre moi et parlons comme si nous nous fréquentions depuis toujours.

– Qui est le Gros Jacques, mon père?

– Un traître juif qui circule dans une voiture de la Gestapo. Il désigne aux nazis les juifs qu'il reconnaît afin qu'ils les arrêtent.

J'avais justement remarqué une traction noire et lente qui nous suivait. Je jetai un coup d'œil dans mon dos et j'aperçus, derrière le pare-brise, au milieu d'hommes en manteaux sombres, une face blafarde et

1 **vu que:** in Anbetracht dessen, da.
1f. **se focaliser:** sich (nur) richten auf.
2 **le maintien:** Erhaltung.
un équilibre: Gleichgewicht.
3 **le chagrin:** Kummer.
4 **le goudron:** Teer.
5 **huileux, se:** ölig.
frémir: (er)zittern.
6 **vaciller:** schwanken, taumeln.
le boyau: Darm; hier: Schlauch, Reifen.
7 **se pencher:** sich (vor)beugen.
8f. **se fréquenter:** sich regelmäßig besuchen, sich gut kennen.
11 **le traître:** Verräter.
14 **la traction:** *la traction avant:* Wagen mit Vorderradantrieb, Auto.
16 **le pare-brise:** Windschutzscheibe.
17 **sombre:** dunkel.
blafard, e: bleich.

transpirante qui scrutait rapidement de ses yeux en billes les trottoirs de l'avenue Louise.

– Le Gros Jacques, mon père!

– Vite, raconte-moi quelque chose. Tu dois bien savoir des histoires drôles, Joseph?

Sans chercher les meilleures, je me mis à débiter tout mon stock de blagues. Je n'aurais jamais cru qu'elles amuseraient autant le père Pons qui riait à gorge déployée. Du coup, dopé par ce succès, je me mis à rigoler aussi et, lorsque la voiture vint nous serrer, j'étais déjà trop grisé par mon succès pour y prêter attention.

Le Gros Jacques nous fixa d'un air mauvais en tapotant ses joues flasques avec un petit mouchoir blanc plié puis, dégoûté par notre joie de vivre, fit signe au chauffeur d'accélérer.

Peu après, le père Pons enfila une rue de côté et l'automobile disparut de notre vue. Je voulais continuer ma carrière de comique lorsque le père Pons s'exclama:

1 **scruter:** absuchen, erforschen.
1 f. **les yeux en bille:** Glubschaugen (*la bille:* Kugel).
6 **débiter:** aufsagen, von sich geben.
7 **le stock:** Vorrat.
la blague: Witz.
8 f. **à gorge déployée:** aus vollem Hals.
9 **du coup:** deshalb, darum.
dopé, e: gedopt.
10 f. **serrer:** hier: dicht auffahren.
11 **grisé, e:** berauscht.
14 **flasque:** schlaff.
16 **accélérer:** beschleunigen.
17 **enfiler une rue:** in eine Straße hineinfahren.

– Je t'en supplie, Joseph, arrête. Tu me fais tant rire que je n'arrive plus à pédaler.

– Dommage. Vous ne connaîtrez pas l'histoire des trois rabbins qui essayaient une moto.

À la nuit tombante, nous roulions encore. Nous avions quitté la ville depuis longtemps et nous traversions la campagne où les arbres devenaient noirs.

Le père Pons ne s'essoufflait pas mais ne parlait guère, se contentant de «Ça va?», «Tu tiens bon?», «Tu ne te fatigues pas, Joseph?». Pourtant, au fur et à mesure que nous progressions, j'avais le sentiment que nous devenions plus familiers, sans doute parce que mes bras entouraient sa taille, que ma tête reposait sur son dos et que je sentais à travers la grosse étoffe la chaleur de ce corps étroit me gagner doucement. Enfin une pancarte indiqua Chemlay, le village du père Pons, et il freina. Le vélo hennit et je tombai dans le fossé.

– Bravo, Joseph, tu as bien pédalé! Trente-cinq kilomètres! Pour un début, c'est remarquable!

Je me relevai sans oser détromper le père Pons. En fait, à ma grande honte, je n'avais pas pédalé pendant

1 **suppléer:** anflehen.
4 **le rabbin:** Rabbi.
8 **s'essouffler:** außer Atem geraten.
9 **tenir bon:** durchhalten.
10f. **au fur et à mesure que:** in dem Maße, wie …
11 **progresser:** vorankommen.
16 **la pancarte:** Schild.
indiquer: anzeigen.
17 **hennir:** wiehern; hier: quietschen.
18 **le fossé:** Graben.
21 **détromper:** aufklären (über einen Irrtum).

le voyage, j'avais laissé traîner mes jambes dans le vide. Y avait-il des pédales que je n'aurais même pas remarquées?

Il posa le vélo sans que j'aie le temps de vérifier et me prit par la main. Nous coupâmes à travers champs jusqu'à la première maison à l'orée de Chemlay, une bâtisse courte et trapue. Là, il me signifia d'être silencieux, évita l'entrée principale et frappa à la porte du cellier.

Une figure surgit.

– Entrez vite.

Mademoiselle Marcelle, la pharmacienne, referma vite la porte et nous fit descendre les quelques marches qui conduisaient à sa cave éclairée par une avare lampe à huile.

Mademoiselle Marcelle faisait peur aux enfants et, lorsqu'elle s'inclina vers moi, elle ne manqua pas son effet habituel: je faillis crier de répulsion. Était-ce la pénombre? L'éclairage par en dessous? Mademoiselle Marcelle s'apparentait à tout sauf à une femme; on

1 **traîner:** hier: baumeln.
5 **couper:** abschneiden, abkürzen.
à travers champs: querfeldein.
6 **une orée** (litt.): Saum, Rand.
7 **la bâtisse** (fam.): Kasten (Gebäude).
trapu, e: gedrungen.
signifier: zu verstehen geben.
9 **le cellier:** Vorratsraum.
17 **s'incliner:** sich (herab)beugen.
manquer: verfehlen.
18 **faillir** (+ inf.): beinahe tun.
la répulsion: Abscheu.
19 **la pénombre:** Halbdunkel, Dämmerlicht.
20 **s'apparenter:** ähneln, gleichen.

aurait dit une pomme de terre sur un corps d'oiseau. Son visage aux traits épais, mal formés, aux paupières plissées, à la peau brune, irrégulière, terne, rugueuse, ressemblait à un tubercule qu'un paysan venait de biner: un coup de pioche avait tracé une bouche mince et deux petites excroissances, les yeux; quelques cheveux rares, blancs à la racine, roussâtres à la pointe, indiquaient une repousse éventuelle pour le printemps. Dressée sur ses jambes maigres, pliée en avant, le tronc tout en estomac comme un rouge-gorge pansu, bombée du cou à l'aine, mains posées sur les hanches, coudes placés en arrière dans une position d'envol, elle me fixait avant de me picorer.

– Juif, bien sûr? demanda-t-elle.

2 **épais, se:** hier: plump.
la paupière: Lid.
3 **plissé, e:** faltig.
rugueux, se: rau.
4 **un tubercule:** Knolle.
4f. **biner:** durchhacken.
5 **la pioche:** Hacke.
tracer: (Linie) ziehen, (ein)zeichnen.
6 **une excroissance:** Wucherung.
7 **la racine:** Wurzel.
roussâtre: rötlich.
8 **la repousse:** Nachwachsen.
9 **se dresser:** sich aufrichten, aufgerichtet stehen.
10 **le tronc:** Baumstamm; hier: Rumpf.
un estomac: Magen.
le rouge-gorge: Rotkehlchen.
10f. **pansu, e:** dickbäuchig.
11 **bombé, e:** gewölbt, bauchig.
une aine: Leiste, Hüftgegend.
12 **la hanche:** Hüfte.
13 **un envol:** Losfliegen, (Flug-)Start.
picorer: (an)picken.

– Oui, dit le père Pons.

– Comment t'appelles-tu?

– Joseph.

– C'est bon. Pas besoin de changer le prénom: c'est autant juif que chrétien. Et tes parents?

– Maman: Léa. Papa: Michaël.

– Je te demande leur nom de famille.

– Bernstein.

– Oh, catastrophique, ça! Bernstein ... On va dire Bertin. Je vais t'établir des papiers au nom de Joseph Bertin. Viens, suis-moi ici, pour la photographie.

Dans un coin de la pièce un tabouret m'attendait, posé devant un décor peint représentant un ciel au-dessus d'une forêt.

Le père Pons me coiffa, arrangea mes vêtements et me demanda de regarder l'appareil, une volumineuse boîte en bois avec des soufflets sur un échafaudage presque aussi haut qu'un homme.

À cet instant un éclair parcourut la pièce, si vif, si déconcertant que je crus avoir rêvé.

Pendant que je me frottais les yeux, Mademoiselle Marcelle glissa une autre plaque dans l'accordéon et le phénomène lumineux se reproduisit.

10 **établir:** errichten, (be)gründen); hier: ausstellen.
12 **le tabouret:** Hocker, Schemel.
13 **le décor peint:** gemalte Szene.
16 **volumineux, se:** ausladend, riesig.
17 **le soufflet:** (Blase- oder Ziehharmonika- usw.) Balg.
un échafaudage: Gerüst.
20 **déconcertant, e:** verwirrend (*déconcerter:* verwirren, durcheinanderbringen).
22 **glisser:** schieben, (hinein)stecken.
la plaque: Platte (bei alten Fotoapparaten).

– Encore! réclamai-je.

– Non, deux suffiront. Je les développerai cette nuit. Tu n'as pas de poux, j'espère? Enfin, tu vas te passer cette lotion. Ni la gale? De toute façon, je vais te frotter à la brosse et au soufre. Quoi d'autre? Monsieur Pons, quelques jours et je vous le rends, ça vous va?

– Ça me va.

Moi, ça ne m'allait pas du tout: l'idée de rester seul avec elle m'épouvantait. N'osant le dire, je demandai à la place:

– Pourquoi dis-tu monsieur? On doit dire «mon père».

– Je dis comme je veux. Monsieur Pons sait très bien que je déteste les curés, que j'en bouffe depuis ma naissance, et que je vomis l'hostie. Je suis pharmacienne, la première femme pharmacienne de Belgique! La première diplômée! J'ai fait des études et je connais la science. Alors «mon père» ... à d'autres! D'ailleurs, monsieur Pons ne m'en veut pas.

– Non, dit le père, je sais que vous êtes une bonne personne.

3 **le pou** (pl. *poux*): Laus.
4 **passer:** hier: einreiben, auftragen.
la gale: Krätze.
5 **le soufre:** Schwefel.
6f. **ça vous va:** passt Ihnen das?
10 **épouvanter:** in Schrecken versetzen (dazu: *épouvantable:* schrecklich).
15 **bouffer du curé** (fam.): die Pfaffen gefressen haben (*bouffer:* fressen; fam.: essen).
20 **en vouloir à qn:** jdm. böse sein, jdm. etwas übel nehmen.

Elle se mit à grommeler, comme si le mot «bonne» sentait trop la sacristie.

– Je ne suis pas bonne, je suis juste. J'aime pas les curés, j'aime pas les juifs, j'aime pas les Allemands, mais je ne supporte pas qu'on s'attaque à des enfants.

– Je sais que vous aimez les enfants.

– Non, j'aime pas les enfants non plus. Mais ce sont quand même des êtres humains.

– Alors c'est que vous aimez l'humanité!

– Ah, monsieur Pons, arrêtez de vouloir que j'aime quelque chose! C'est bien un langage de curé, ça. Je n'aime rien ni personne. Mon métier, c'est pharmacienne: ça veut dire aider les gens à demeurer en vie. Je fais mon travail, voilà tout. Allez, ouste, débarrassez-moi le plancher. Je vais vous remettre ce gamin en état, soigné, bien propre, avec des papiers qui lui foutront la paix, sacrebleu!

Elle tourna les talons pour fuir la discussion. Le père Pons se pencha vers moi et me glissa dans un sourire:

1 **grommeler:** grummeln, brummen.
2 **sentir qc:** nach etwas riechen.
la sacristie: Sakristei.
5 **s'attaquer à qn:** jdn. angreifen, sich an jdm. vergreifen.
8 **humain, e:** menschlich.
une humanité: Menschheit, Menschlichkeit.
14 **ouste** (fam.): weg!, raus!
14f. **débarasser le plancher** (fam.): abhauen, ‚Leine ziehen' (*le plancher:* Fußboden).
15f. **en état:** etwa: instand gesetzt.
16f. **foutre la paix à qn** (fam.): jdn. in Frieden lassen.
17 **sacrebleu:** Donnerwetter noch mal!
18 **tourner ses talons:** auf dem Absatz kehrtmachen (*le talon:* Absatz).
19 **glisser qc à qn:** jdm. etwas zuflüstern.

– «Sacrebleu», c'est devenu son surnom au village. Elle jure davantage que son père qui était colonel.

Sacrebleu m'apporta à manger, me dressa un lit et m'ordonna, d'une voix qui ne supportait pas la contradiction, de bien me reposer. En m'endormant ce soir-là, je ne pus m'empêcher d'éprouver une certaine admiration pour une femme qui disait «sacrebleu» avec autant de naturel.

Je passai plusieurs jours auprès de l'intimidante Mademoiselle Marcelle. Devant moi, chaque soir, après une journée dans son officine située au-dessus de la cave, elle besognait sans vergogne à me constituer de faux papiers.

– Ça te gêne que je te donne six ans plutôt que sept?

– J'en aurai bientôt huit, protestai-je.

– Donc tu as six ans. C'est plus prudent. On ne sait pas combien de temps cette guerre va durer. Le plus tard tu seras adulte, le mieux tu te porteras.

Lorsque Mademoiselle Marcelle posait une question, il était inutile de lui répondre car elle ne la posait qu'à elle-même et n'attendait que d'elle-même une réponse.

2 **jurer:** hier: fluchen.
6 **éprouver:** empfinden.
8 **le naturel:** hier: Selbstverständlichkeit.
9 **intimidant, e:** einschüchternd.
11 **une officine:** Labor.
12 **besogner:** sich dranmachen.
sans vergogne: ungeniert, skrupellos.
17 **prudent, e:** vorsichtig.
19 **se porter:** sich fühlen, sich befinden.

– Tu diras aussi que tes parents sont décédés. De mort naturelle. Voyons, quelle maladie aurait pu les emporter?

– Mal au ventre?

– La grippe! Une forme foudroyante de grippe. Récite-moi ton histoire.

Quand il s'agissait de répéter ce qu'elle avait inventé, Mademoiselle Marcelle prêtait soudain l'oreille aux autres.

– Je m'appelle Joseph Bertin, j'ai six ans, je suis né à Anvers et mes parents sont morts l'hiver dernier de la grippe.

– C'est bien. Tiens, prends une pastille à la menthe.

Quand je l'avais satisfaite, elle avait des gestes de dompteur: elle me jetait un bonbon que je devais attraper au vol.

Chaque jour le père Pons venait nous voir sans nous camoufler les difficultés qu'il avait à me dégoter un foyer d'accueil.

– Dans les fermes des environs, tous les gens «sûrs» ont déjà recueilli un ou deux enfants. En outre, les éventuels candidats hésitent, ils seraient plus attendris par un bébé. Joseph est déjà grand, il a sept ans.

1 **décédé, e:** verstorben, verschieden (dazu: *le décès:* Tod, Ableben).
3 **emporter:** hier: dahinraffen.
5 **foudroyant, e:** hier: tödlich.
11 **Anvers:** Antwerpen.
13 **la pastille:** hier: Bonbon.
la menthe: Pfefferminz.
14 **satisfaire:** zufrieden stellen.
18 **camoufler:** verbergen, verstecken.
dégoter (fam.): aufgabeln.
19 **un foyer d'accueil:** Aufnahmestelle, neues Zuhause (*le foyer:* Heim, Zuhause).

– J'ai six ans, mon père, m'exclamai-je.

Pour me féliciter de mon intervention, Mademoiselle Marcelle m'enfourna un bonbon dans la gueule puis vociféra à l'intention du prêtre:

– Si vous voulez, monsieur Pons, je pourrais menacer les hésitants.

– De quoi?

– Sacrebleu! Plus de médicaments s'ils n'accueillent pas vos réfugiés! Qu'ils crèvent la gueule ouverte!

– Non, mademoiselle Marcelle, il faut que les gens acceptent de prendre ce risque eux-mêmes. Ils encourent la prison pour complicité …

Mademoiselle Marcelle pivota vers moi.

– Ça te plairait de devenir pensionnaire à l'école du père Pons?

Sachant qu'il était inutile de répondre, je ne bougeai pas et la laissai continuer.

– Prenez-le avec vous à la Villa Jaune, monsieur Pons, même si c'est le premier endroit où l'on ira chercher des enfants cachés. Mais, sacrebleu, avec les papiers que je lui ai faits …

2 **féliciter:** beglückwünschen.
une intervention: Eingreifen; Stellungnahme.
3 **enfourner** (fam.): hineinschieben, reinstecken.
la gueule (fam.): Schnauze, Rachen, Maul.
4 **vociférer:** brüllen.
à l'intention de: in Richtung auf, gedacht für.
8 f. **accueillir:** aufnehmen.
9 **le réfugié:** Flüchtling.
crever (pop.): krepieren.
11 f. **encourir qc:** mit etwas rechnen müssen.
12 **la complicité:** Mittäterschaft, Beihilfe (dazu: *le/la complice*).
13 **pivoter:** sich herumdrehen.
14 **le pensionnaire:** Internatsschüler.

– Comment le nourrirai-je? Je ne peux plus demander un seul timbre de ravitaillement supplémentaire aux autorités. Les enfants de la Villa Jaune sont sous-alimentés, vous le savez bien.

– Bah, pas de problème! Le bourgmestre vient ici ce soir pour sa piqûre. Je m'en occupe.

À la nuit, après avoir descendu le rideau de fer de sa pharmacie en provoquant autant de vacarme que si elle faisait exploser un tank, Mademoiselle Marcelle vint me chercher à la cave.

– Joseph, j'aurai peut-être besoin de toi. Veux-tu bien monter et rester sans moufter dans le placard à manteaux?

Comme je ne répondais pas, elle s'énerva.

– Je t'ai posé une question! Sacrebleu, tu es abruti ou quoi?

– Je veux bien.

Lorsque la cloche sonna, je me glissai au milieu des étoffes pendantes imprégnées de naphtaline tandis que Mademoiselle Marcelle faisait pénétrer le bourg-

2 **le timbre de ravitaillement:** Lebensmittelmarke.
3 **les autorités** (f.): Behörden.
4 **sous-alimenté, e:** unterernährt.
5 **le bourgmestre** (Belg.): Bürgermeister (frz.: *le maire*).
6 **la piqûre:** Spritze, Injektion.
7 **le rideau de fer:** Eisengitter (Rollladen; *le rideau:* Vorhang).
8 **le vacarme:** Lärm.
9 **le tank:** Panzer.
12 **sans moufter** (fam.): ohne einen Mucks von sich zu geben.
15 **abruti, e:** verblödet; (fam.) doof.
18 **la cloche:** Glocke.
se glisser: schlüpfen.
19 **la naphtaline:** Naphtalin (damaliges Mottenschutzmittel).
20 **faire pénétrer:** eintreten lassen.

mestre dans l'arrière-boutique. Elle le délesta de sa gabardine qu'elle me fourra contre le nez.

– J'ai de plus en plus de mal à me procurer de l'insuline, monsieur Van der Mersch.

– Ah les temps sont durs ...

– En vérité, je ne saurai plus vous administrer votre piqûre la semaine prochaine. Pénurie! Rupture! Fin!

– Mon Dieu ... alors ... mon diabète ...

– Pas moyen, monsieur le bourgmestre. Sauf si ...

– Sauf si quoi, mademoiselle Marcelle? Dites! Je suis prêt à tout.

– Sauf si vous me donnez des timbres d'alimentation. Je pourrai les échanger contre votre médicament.

Le bourgmestre répliqua d'une voix paniquée.

– C'est impossible ... je suis surveillé ... la population du village a beaucoup trop augmenté ces dernières semaines ... et vous savez bien pourquoi ... je ne peux pas demander davantage sans attirer l'attention de la Gestapo sur nous ... ça ... ça nous retomberait dessus ... Sur nous tous!

1 **délester** (fam.): entlasten, befreien.
2 **la gabardine:** Gabardin (Stoffart); hier: Mantel.
fourrer: stopfen, drücken.
3 **avoir du mal à** (+ inf.): Schwierigkeiten bei etwas haben.
se procurer: sich verschaffen, besorgen.
6 **administrer qc à qn:** jdm. etwas verabreichen.
7 **la pénurie:** Mangel.
la rupture: (Ab-)Bruch.
10 **pas moyen:** nichts zu machen.
15 **répliquer:** antworten, erwidern; reagieren.
17 **augmenter:** (an)wachsen.
19 **davantage:** mehr.
20 f. **retomber dessus à qn:** auf jdn. zurückfallen.

– Prenez ce coton et appuyez fort. Mieux que ça!

Tandis qu'elle harcelait le bourgmestre, elle s'approcha de moi et me glissa, entre les deux battants, d'une voix rapide et basse:

– Prends-lui ses clés dans son manteau, le trousseau en fer, pas celui recouvert de cuir.

Je crus avoir mal compris. L'avait-elle deviné? Elle ajouta entre ses dents:

– Et grouille-toi, sacrebleu!

Elle retourna achever le pansement du bourgmestre pendant que, à l'aveugle, je le délestais de son trousseau.

Après le départ de son visiteur, elle me libéra du placard, m'envoya à la cave puis s'enfonça dans la nuit.

Le lendemain, très tôt, le père Pons vint nous avertir:

– Branle-bas de combat, mademoiselle Marcelle, on a dérobé les timbres de ravitaillement à la mairie!

Elle se frotta les mains.

– Ah oui? Comment a-t-on fait ça?

1 **le coton:** Baumwolle; hier: Wattebausch.
mieux que ça: hier: fester!
2 **harceler:** quälen, bedrängen.
3 **la battant:** Türflügel.
5f. **le trousseau:** Schlüsselbund.
6 **recouvert de cuir:** hier: im Lederetui.
9 **grouille-toi** (fam.): los! Beeilung!
10 **le pansement:** Pflaster, Verband.
14 **s'enfoncer:** hier: verschwinden.
16 **avertir:** warnen, benachrichtigen.
17 **branle-bas de combat:** auf zum Gefecht!, höchste Alarmstufe!
18 **dérober:** rauben.

– Les pillards ont crocheté les volets et brisé une fenêtre.

– Ah tiens! Le bourgmestre a bousillé son hôtel de ville?

– Que voulez-vous dire? C'est lui qui a dérobé …

– Non, c'est moi. Avec ses clés. Mais quand je les ai remises dans sa boîte ce matin, j'étais certaine qu'il simulerait une effraction pour ne pas être soupçonné. Allons, monsieur Pons, prenez les feuilles de timbres. Ce bloc est à vous.

Quoique revêche et incapable de sourire, Mademoiselle Marcelle avait l'œil qui brillait d'une flamme joyeuse.

Elle me poussa aux épaules.

– Allez! Tu vas suivre le père, maintenant!

Le temps qu'on me prépare un bagage, qu'on rassemble mes faux papiers, que je répète l'histoire de ma fausse vie, j'arrivai à l'école pendant le déjeuner des élèves.

La Villa Jaune était couchée comme un chat géant

1 **le pillard:** Plünderer.
crocheter: mit Gewalt (oder einem Dietrich) öffnen.
le volet: Fensterladen.
briser qc: etwas zerbrechen, aufbrechen (dazu: *se briser:* zerbrechen, entzweigehen).
3 **bousiller** (fam.): kaputtmachen.
7 f. **simuler:** vorgeben, vortäuschen.
8 **une effraction:** Einbruch.
11 **revêche:** mürrisch, barsch.
16 **le temps que:** (nur) die nötige Zeit, um …
16 f. **rassembler:** zusammensuchen.
20 **être couché, e:** liegen.
géant, e: riesig.

lové au sommet de la colline. Les pattes en pierre du perron conduisaient à la gueule, une entrée autrefois peinte en rose où des canapés épuisés tiraient une langue douteuse. À l'étage, deux grandes baies vitrées en forme de paupières ovales dominaient le bâtiment et observaient fixement ce qui se passait dans la cour, entre la grille et les platanes. Sur le toit, deux balcons mansardés hérissés de fer forgé faisaient penser à des oreilles et le bâtiment du réfectoire s'arrondissait en queue sur le côté gauche.

De «jaune», la villa n'avait plus que le nom. Un siècle de crasse, de pluie, d'usure et de balles lancées sur le crépi par les enfants avait délabré puis zébré sa fourrure qui virait désormais au fauve amorti.

1 **la patte:** Pfote.
2 **le perron:** Freitreppe.
3 **le canapé:** Sofa.
épuisé, e: hier: verbraucht, mitgenommen.
3f. **tirer la langue:** die Zunge herausstrecken.
4 **douteux, se:** hier: fragwürdig, nicht ganz sauber.
la baie vitrée: Glasfenster.
7 **la grille:** Gitter.
8 **hérissé, e de:** gespickt mit.
le fer forgé: Schmiedeeisen.
9 **s'arrondir:** rund werden, sich runden.
12 **la crasse:** Dreck.
une usure: Gebrauch, Abnutzung.
13 **le crépi:** (Rau-)Putz (*crépir:* verputzen).
délabrer: zerstören.
zébrer: mit Streifen versehen.
14 **la fourrure:** Pelz.
virer (au bleu, rouge etc.): sich verfärben (*virer:* sich drehen).
désormais: nunmehr.
le fauve: fahles Gelb.
14 **amorti, e:** gedämpft.

– Bienvenue à la Villa Jaune, Joseph, me dit le père Pons. À l'avenir, ce sera ton école et ton foyer. Il y a trois types d'élèves: les externes qui retournent déjeuner chez eux, les demi-pensionnaires qui restent aux repas de midi et les pensionnaires qui logent ici. Toi, tu seras pensionnaire: je vais te montrer ton lit et ton placard au dortoir.

Je songeai à ces différences inédites: externes, demi-pensionnaires, pensionnaires. Il me plaisait que ce ne fût pas seulement un ordre mais une hiérarchie: de l'écolier sommaire à l'étudiant complet en passant par le demi-élève. J'accédais donc d'emblée à la classe supérieure. Frustré de noblesse les jours précédents, j'étais content qu'on me conférât cette distinction supplémentaire.

Au dortoir, je fus grisé de faire connaissance avec mon placard – je n'avais jamais eu de placard à moi – et, en contemplant ces étagères vides, je rêvai aux nombreux trésors que j'y mettrais, sans bien concevoir que, pour l'heure, je n'avais que deux tickets de tramway usagés à y déposer.

– Maintenant, je vais te présenter ton parrain. Tout

8 **inédit, e:** unveröffentlicht (Buch); hier: ganz neu.
10 **une hiérarchie:** Rangordnung.
11 **un écolier sommaire:** Schüler im Kleinformat, Minischüler.
12 **accéder:** gelangen.
d'emblée: auf Anhieb.
13 **frustré, e de:** um etwas gebracht.
précédent, e: vorhergehend (dazu: *précéder:* vorangehen).
14 **conférer:** verleihen.
la distinction: Unterscheidung(smerkmal).
19 f. **concevoir:** bedenken.
22 **le parrain:** Pate.

pensionnaire à la Villa Jaune est protégé par un plus grand. Rudy!

Le père Pons cria «Rudy» plusieurs fois sans succès. Les surveillants reprirent le nom en écho. Puis les élèves. Enfin, après un temps qui me parut insupportable et qui mit toute l'école sens dessus dessous, le dénommé Rudy survint.

En me promettant un «grand» comme parrain, le père Pons n'avait pas menti: Rudy était interminable. Il montait si haut qu'on le croyait suspendu à un fil derrière ses épaules basses, tandis que ses bras et ses jambes pendaient dans le vide, sans force, désarticulés, et que sa tête dodelinait en avant, pesante, chargée de cheveux trop bruns, trop drus, trop raides, étonnés d'être là. Il avançait lentement pour s'excuser de son gigantisme, tel un dinosaure nonchalant qui dirait: «N'ayez pas d'inquiétude: je suis gentil, je ne mange que de l'herbe.»

– Mon père? demanda-t-il d'une voix grave mais molle.

– Rudy, voici Joseph, ton filleul.

– Ah non, mon père, ce n'est pas une bonne idée.

4 **le surveillant:** Aufseher.
6 **mettre qc sens dessus dessous:** etwas völlig auf den Kopf stellen.
6 f. **le dénommé:** der besagte …
9 **interminable:** unendlich, endlos.
10 **suspendu, e:** hängend, aufgehängt.
12 f. **désarticulé, e:** ausgekugelt, ausgerenkt.
13 **dodeliner:** baumeln.
pesant, e: schwer.
13 f. **chargé, e:** voll mit, belastet von, überladen.
16 **le gigantisme:** Riesenwuchs.
nonchalant, e: lässig, unbekümmert.
21 **le filleul:** Patenkind, Schützling.

– Tu ne discutes pas.
– Il a l'air bien, ce gosse … il ne mérite pas ça.
– Je te charge de lui faire visiter l'école et lui enseigner le règlement.
– Moi?
– À force d'être puni, je pense que tu le connais mieux que personne. À la deuxième cloche, tu amèneras ton filleul dans la classe des petits.

Le père Pons s'éclipsa. Rudy me considéra comme un tas de bûches qu'il devait transporter sur son dos et poussa un soupir.
– Comment tu t'appelles?
– Joseph Bertin. J'ai six ans. Je suis né à Anvers et mes parents sont morts de la grippe espagnole.

Il leva les yeux au ciel.
– Ne récite pas ta leçon, attends qu'on te pose les questions si tu veux qu'on te croie.

Vexé d'avoir été maladroit, j'appliquai le conseil de la comtesse de Sully et j'attaquai bille en tête:
– Pourquoi ne veux-tu pas être mon parrain?
– Parce que j'ai le mauvais œil. S'il y a un caillou dans les lentilles, c'est pour moi. Si une chaise doit se briser, c'est sous moi. Si un avion tombe, c'est sur moi. J'ai la poisse et je porte la poisse. Le jour de ma

1 **discuter:** hier: widersprechen, Einwände machen.
2 **le gosse** (fam.): Junge.
9 **s'éclipser** (fam.): sich verdrücken.
10 **la bûche:** Holzscheit.
18 **appliquer:** anwenden.
19 **bille en tête** (fam.): ohne Zögern.
21 **le mauvais œil:** der böse Blick.
le caillou: Kieselstein, Steinchen.
22 **la lentille:** Linse.
24 **la poisse:** Pech.

naissance, mon père a perdu son emploi et ma mère a commencé à pleurer. Si tu me confies une plante, elle crève. Si tu me prêtes un vélo, il crève aussi. J'ai les doigts de la mort. Quand les étoiles me regardent, elles frissonnent. Quant à la lune, elle serre les fesses. Je suis une calamité universelle, une erreur, une catastrophe, la malchance sur pattes, un vrai *schlemazel*.

Plus il enchaînait les plaintes d'une voix qui ricochait du grave à l'aigu sous le coup de l'émotion, plus je me tordais de rire. Je finis par demander:

– Est-ce qu'il y a des juifs, ici?

Il se raidit.

– Des juifs? À la Villa Jaune! Aucun! Jamais! Pourquoi me poses-tu cette question?

Il me saisit par les épaules et me dévisagea.

– Est-ce que tu es juif, Joseph?

Il me scrutait durement. Je savais qu'il testait mon sang-froid. Sous l'œil sévère, il y avait une supplication: «Mens bien, s'il te plaît, fais-moi un beau mensonge.»

3 **crever** (fam.): Pflanze: eingehen; Fahrrad: einen Platten haben.
5 **frissonner:** erschauern, schaudern.
5f. **serrer les fesses** (fam.): Schiss haben (*les fesses*, f.: Hintern).
6 **la calamité:** Unglücksfall.
7 **la malchance:** Unglück.
8 **schlemazel:** jiddisch für: Unglücksrabe, Unglückswurm.
9f. **ricocher:** abprallen, springen.
11 **se tordre:** sich krümmen, sich biegen.
finir par (+ inf.): etwas schließlich tun.
16 **dévisager:** anstarren.
18 **scruter:** hier: (mit den Augen) fixieren.
19 **le sang-froid:** Kaltblütigkeit.
19f. **la supplication:** flehentliche Bitte.

– Non, je ne suis pas juif.

Il relâcha son étreinte, rassuré. Je continuai:

– D'ailleurs, je ne sais même pas ce que c'est, un juif.

– Moi non plus.

– Ils ressemblent à quoi, les juifs, Rudy?

– Nez crochu, yeux saillants, lippe pendante, avec des oreilles décollées.

– Il paraît même qu'ils ont des sabots à la place des pieds et une queue entre les fesses.

– Faudrait voir, dit Rudy avec un air sérieux. Enfin, en ce moment, un juif c'est surtout quelqu'un qu'on chasse et qu'on arrête. Ça tombe bien que tu ne le sois pas, Joseph.

– Et toi, ça tombe bien que tu ne le sois pas, Rudy. Mais tu devrais quand même éviter de parler yiddish et de dire *schlemazel* à la place de malchanceux.

Il tressaillit. Je souris. Chacun avait percé le secret de l'autre, nous pouvions être complices désormais. Pour sceller notre accord, il me fit exécuter un tour compliqué avec les doigts, les paumes et les coudes puis cracher par terre.

2 **une étreinte:** Umklammerung.
7 **le nez crochu:** Hakennase.
saillant, e: hervorspringend, hervorstehend.
la lippe pendante: Wulst-, Hängelippe.
8 **décollé, e:** abstehend.
9 **le sabot:** hier: Huf.
17 **le malchanceux / la malchanceuse:** Pechvogel.
18 **tressaillir:** zittern, erbeben.
percer: durchbohren, durchdringen; hier: durchschauen.
20 **sceller:** besiegeln.
21 **la paume:** Handfläche.

– Viens visiter la Villa Jaune.

D'un geste naturel, il cala ma petite main dans sa colossale paluche chaude et, comme si nous étions frères depuis toujours, il me fit découvrir l'univers où j'allais passer les années à venir.

– Quand même, murmura-t-il entre ses dents, tu ne trouves pas que j'ai une tête de victime?

– Si tu apprenais à te servir d'un peigne, ça changerait tout.

– Et ma dégaine? T'as vu ma dégaine? J'ai les pieds en péniches et des battoirs à la place des mains.

– C'est parce qu'ils ont poussé avant le reste, Rudy.

– Je prolifère, je m'agrandis! C'est pas de pot de se transformer en cible!

– Une bonne taille, ça inspire la confiance.

– Mouais?

– Et ça attire les filles.

– Mouais … tu avoueras qu'il faut être un sacré *schlemazel* pour se traiter de *schlemazel*!

2 **caler:** festklemmen.
3 **la paluche** (fam.): Pfote.
10 **la dégaine** (fam.): mieses Aussehen.
11 **la péniche:** Lastkahn.
le battoir (fam.): Pranke.
14 **proliférer:** sich stark vermehren, rasch zunehmen, wuchern.
s'agrandir: größer werden, sich ausdehnen.
c'est pas de pot (fam.): was für'n Pech!
15 **la cible:** Zielscheibe (auch: der Kritik, des Spotts).
16 **inspirer:** einflößen.
17 **mouais** (fam.): na ja; hmm – wirklich?
19 **avouer:** (ein-, zu)gestehen.
un sacré … (fam.): ein verfluchter …, verdammter … (*sacré, e:* heilig).

– Ce n'est pas la chance qui te manque, Rudy, c'est la cervelle.

Ainsi débuta notre amitié: je pris immédiatement mon parrain sous ma protection.

Le premier dimanche, le père Pons me convoqua à neuf heures dans son bureau.

– Joseph, je suis désolé: je voudrais que tu ailles à la messe avec les autres enfants de la pension.

– D'accord. Pourquoi êtes-vous désolé?

– Ça ne te choque pas? Tu vas te rendre dans une église, pas dans une synagogue.

Je lui expliquai que mes parents ne fréquentaient pas la synagogue et que je les soupçonnais de ne même pas croire en Dieu.

– Peu importe, conclut le père Pons. Crois en ce que tu veux, au Dieu d'Israël, au Dieu des chrétiens ou en rien, mais ici, comporte-toi comme tout le monde. Nous allons nous rendre à l'église du village.

– Pas à la chapelle au fond du jardin?

– Elle est désaffectée. De plus, je veux que le village connaisse toutes les brebis de mon troupeau.

Je revins en courant au dortoir pour me préparer. Pourquoi étais-je si excité de me rendre à la messe? Sans doute sentais-je qu'il y avait un fort bénéfice à devenir catholique: cela me protégerait. Mieux: cela me

2 **la cervelle:** Gehirn; (fam.) Grips.
5 **convoquer:** bestellen, rufen lassen.
15 **conclure:** (ab)schließen, beenden.
20 **désaffecté, e:** stillgelegt, geschlossen.
21 **le brebis:** Schaf.
le troupeau: Herde.
24 **le bénéfice:** Vorteil.

rendrait normal. Être juif, pour l'instant, signifiait avoir des parents incapables de m'élever, posséder un nom qu'il fallait mieux remplacer, contrôler en permanence mes émotions et mentir. Alors, quel intérêt? J'avais très envie de devenir un petit orphelin catholique.

Nous descendîmes à Chemlay dans nos costumes de drap bleu, en deux files par ordre décroissant de taille, nos enjambées rythmées par un chant scout. Devant chaque logement, des regards bienveillants se posaient sur nous. On nous souriait. On nous adressait des signes amicaux. Nous faisions partie du spectacle du dimanche: les orphelins du père Pons.

Seule Mademoiselle Marcelle, sur le pas de sa pharmacie, paraissait prête à mordre. Quand notre prêtre, fermant la marche, passa devant elle, elle ne put se retenir de grogner:

– En route pour le bourrage de crâne! Nourrissez-les de fumée! Donnez-leur leur dose d'opium! Vous croyez les soulager mais ces drogues sont du poison! Surtout la religion!

– Bonjour, mademoiselle Marcelle, répondit le père Pons avec un sourire, la colère vous met très en beauté, comme chaque dimanche.

3 **en permanence:** dauernd.
7 **la file:** Reihe.
par ordre décroissant: in absteigender Reihenfolge.
8 **le chant scout:** Pfadfinderlied (*le scout:* Pfadfinder).
13 **sur le pas de ...:** vor der Tür ...
17 **le bourrage de crâne** (fam.): Verblödung, Indoktrination (*bourrer:* voll stopfen).
18 **la dose:** Portion, Dosis (»leur dose d'opium« ist eine Anspielung auf den Marx'schen Ausspruch »Die Religion ist [...] das Opium des Volkes«).
19 **le poison:** Gift.

Surprise par le compliment, elle se réfugia rageusement dans sa boutique en tirant sa porte si vite qu'elle faillit en briser le carillon.

Notre groupe franchit le porche aux sculptures inquiétantes et je découvris la première église de ma vie.

Prévenu par Rudy, je savais qu'il fallait tremper ses doigts dans le bénitier, figurer un signe de croix sur sa poitrine puis s'acquitter d'une rapide génuflexion en empruntant l'allée centrale. Entraîné par ceux qui me précédaient, poussé par ceux qui me succédaient, je vis arriver mon tour avec effroi. Je craignais, au moment de toucher l'eau bénite, qu'une voix retentît entre ces murs et criât avec courroux: «Cet enfant n'est pas chrétien! Qu'il sorte! C'est un juif!» Au lieu de cela, l'eau frémit à mon contact, épousa ma main et vint se lover, fraîche et pure, le long de mes doigts. Encouragé, je m'appliquai à dessiner sur mon torse

1 f. **rageusement:** wütend.
3 **le carillon:** (Tür-)Glocke.
4 **franchir:** durchschreiten, überschreiten.
le porche: Portal, Vorbau.
7 **tremper:** eintauchen.
8 **le bénitier:** Weihwasserbecken (*bénit, e:* geweiht).
figurer: darstellen, eine Form nachmachen.
9 **la génuflexion:** Kniebeuge.
10 **emprunter:** ausleihen; hier: benutzen.
11 **succéder:** folgen.
12 **un effroi:** Schrecken, Entsetzen.
13 **retentir:** hier: widerhallen.
14 **le courroux** (litt.): heiliger Zorn.
16 **épouser:** hier: umfangen.
17 **le long de:** längs, entlang.
18 **le torse:** Oberkörper.

une croix parfaitement symétrique puis je fléchis le genou là où mes camarades l'avaient fait avant de les rejoindre sur notre banc.

«Nous voici dans la maison de Dieu, lança une voix grêle. Merci de nous recevoir dans ta maison, Seigneur.»

Je levai la tête: pour une maison, c'était une maison! Pas la maison de n'importe qui! Une maison sans portes ni cloisons intérieures, avec des fenêtres colorées qui ne s'ouvraient pas, des piliers qui ne servaient à rien et des plafonds arrondis. Pourquoi des plafonds courbés? Et si hauts? Et sans lustres? Et pourquoi avait-on, autour du curé, allumé des bougies en plein jour? D'un coup d'œil circulaire, je vérifiai qu'il y avait suffisamment de sièges pour chacun de nous. Mais où allait s'asseoir Dieu? Et pourquoi les trois cents humains tassés dans cette demeure à ras de carrelage tenaient-ils si peu de place? À quoi servait tout cet espace autour de nous? Où vivait Dieu dans son domicile?

1 **fléchir:** beugen.
3 **rejoindre qn:** wieder zu jdm. gehen, zu jdm. stoßen.
4 **lancer:** hier: ausstoßen, von sich geben.
5 **grêle:** dünn, zerbrechlich, brüchig.
7 **pour une maison, c'était une maison:** nicht schlecht für ein Haus!
9 **la cloison:** (Zwischen-)Wand, Trennwand.
10 **le pilier:** Pfeiler.
12 **courbé, e:** hier: gewölbt (dazu: *la courbe*).
le lustre: Kronleuchter.
13 f. **la bougie:** Kerze.
14 **circulaire:** kreisförmig, rundumgehend.
15 **le siège:** Sitz, Platz.
17 **tassé, e:** gedrängt (*le tas:* Haufen).
18 **à ras de carrelage** (m.): mit Steinfußboden.

Les murs vibrèrent et ces tremblements devinrent de la musique: l'orgue jouait. Les aigus me chatouillaient les oreilles. Les basses me remuaient les fesses. La mélodie s'étalait, épaisse, généreuse.

En une seconde, je compris tout: Dieu était là. Partout autour de nous. Partout au-dessus de nous. C'était lui, l'air qui vacillait, l'air qui chantait, l'air qui rebondissait sous les voûtes, l'air qui faisait le dos rond sous la coupole. C'était lui, l'air qui se trempait aux teintes des vitraux, l'air qui brillait, l'air qui chatoyait, l'air qui sentait la myrrhe, la cire d'abeille et le sucre des lys.

J'avais le cœur plein, j'avais le cœur fort. Je respirais Dieu à pleins poumons, aux limites de l'évanouissement.

La liturgie se poursuivait. Je n'y comprenais rien, je contemplais la cérémonie avec paresse et fascination. Lorsque je m'efforçais d'en saisir les paroles, le dis-

2 **un aigu:** hier: hoher Ton.
2f. **chatouiller:** kitzeln.
3 **remuer:** bewegen, erbeben lassen.
4 **s'étaler:** sich ausbreiten.
8 **rebondir:** zurückspringen, widerhallen.
9 **la coupole:** Kuppel.
se tremper à: hier: sich vermischen mit.
10 **la teinte:** Farbe, Färbung.
le vitrail: (buntes) Kirchenfenster (*la vitre:* Fensterscheibe).
10f. **chatoyer:** schillern.
11 **la myrrhe:** Myrrhe (dem Weihrauch verwandtes Harz).
la cire d'abeille (f.): Bienenwachs.
12 **le sucre des lys:** süßer Liliendufl (*le lys:* Lilie).
14 **le poumon:** Lunge.
14f. **un évanouissement:** Ohnmacht (dazu: *s'évanouir*).
18 **s'efforcer:** sich anstrengen (dazu: *un effort*).

cours passait mes capacités intellectuelles. Dieu était un, puis deux – le Père et le Fils – et parfois trois – le Père, le Fils et le Saint-Esprit. Qui était le Saint-Esprit? Un cousin? Soudain, panique: il devenait quatre! Le curé de Chemlay venait d'y ajouter une femme, la Vierge Marie. Embrouillé par cette multiplication subite des dieux, j'abandonnai le jeu des sept familles en me jetant sur les chansons car j'aimais bien donner de la voix.

Au moment où le curé parla de distribuer des gâteaux ronds, j'allais spontanément prendre ma place dans la queue lorsque mes camarades me retinrent.

– Tu n'as pas le droit. Tu es trop petit. Tu n'as pas fait ta communion.

Quoique déçu, je poussai un soupir d'aise: ils ne m'avaient pas empêché sous prétexte que j'étais juif, ça ne devait donc pas se voir.

De retour à la Villa Jaune, je courus rejoindre Rudy pour partager mon enthousiasme avec lui. N'ayant jamais assisté à une représentation théâtrale ou à un concert de musique, j'associais à la célébration catholique les plaisirs du spectacle. Rudy m'écouta avec bienveillance puis hocha la tête.

– Pourtant tu n'as pas vu le plus beau ...

– Quoi?

Il monta prendre quelque chose dans son placard

1 **passer:** hier: übersteigen.
6 **la vierge:** Jungfrau.
embrouillé, e: verwirrt.
7 **subit, e:** plötzlich.
le jeu des sept familles: ein Spiel ähnlich dem Quartett.
8f. **donner de la voix:** losschmettern.
15 **une aise:** Wohlbefinden, Erleichterung.

et me fit signe de le suivre au parc. Isolés sous le marronnier, à l'abri des curieux, nous nous assîmes en tailleur sur le sol et il me tendit l'objet.

D'un missel en cuir chamois dont la peau me caressait avec une douceur irréelle, entre les pages dont la tranche dorée évoquait les ors de l'autel, parmi les signets de soie rappelant la chasuble verte du prêtre, il sortit des cartes merveilleuses. Elles reproduisaient une femme, toujours la même, quoique ses traits, sa coiffure, la couleur de ses yeux et de ses cheveux changeassent. À quoi reconnaissait-on qu'il s'agissait de la même? À la lumière de son front, à la limpidité de son regard, à la pâleur incroyable de son teint qui se poudrait de rose sur les joues, à la simplicité de ses longues robes plissées où elle se tenait, digne, éclatante, souveraine.

– Qui est-ce?

– La Vierge Marie. La mère de Jésus. La femme de Dieu.

Pas de doute, elle était bien d'essence divine. Elle

1f. **le marronnier:** Kastanienbaum (*le marron:* Esskastanie).
2f. **en tailleur:** im Schneidersitz.
4 **le missel:** Messbuch.
le cuir chamois: besonders weiches (Wild-)Leder.
6 **la tranche dorée:** Goldschnitt (bei wertvollen Büchern).
un autel: Altar.
6f. **le signet de soie** (f.): Seidenbändchen (als Lesezeichen).
7 **la chasuble:** Messgewand.
12 **la limpidité:** Klarheit.
13 **la pâleur:** Blässe (dazu: *pâle*).
14 **se poudrer:** hier: sich färben.
16 **éclatant, e:** hier: strahlend.
20 **une essence:** hier: Wesen.
divin, e: göttlich.

irradiait. Par contagion, même le carton ne semblait plus en carton mais en meringue, d'un blanc éblouissant d'œufs montés en neige, avec, en creux et en relief, des motifs moulés qui ajoutaient leur dentelle aux bleus délicats et aux roses éthérés, des pastels plus vaporeux que des nuages chatouillés par l'aube.

– Tu crois que c'est de l'or?

– Bien sûr.

Je passais et repassais mon doigt sur la coiffe précieuse qui entourait le paisible visage. J'effleurais de l'or. Je caressais le chapeau de Marie. La mère de Dieu me laissait faire.

Sans prévenir, les larmes emplirent mes yeux et je me laissai glisser sur le sol. Rudy aussi. Nous pleurions doucement, nos cartes de communiants sur le cœur. Nous pensions chacun à notre mère. Où était-elle? Éprouvait-elle, en ce moment, la sérénité de Marie? Y avait-il sur son visage cet amour que nous avions vu se pencher mille fois sur nous et que nous

1 **irradier:** (aus)strahlen.
la contagion: Ansteckung, Übertragung (dazu: *contagieux, se*).
2 **la meringue:** Meringe, Baiser.
2f. **éblouissant, e:** blendend.
3 **monter en neige:** (Eiweiß) zu Schnee schlagen.
3f. **en creux et en relief:** eingepresst und dadurch plastisch heraustretend.
4 **moulé, e:** geformt.
5 **éthéré, e** (litt.): ätherisch.
le pastel: Pastellton.
6 **vaporeux, se:** luftig.
9 **la coiffe:** Haube.
10 **effleurer:** leicht, zart berühren.
15 **la carte de communiant:** Kommunionbildchen.
17 **la sérénité:** Gelassenheit, innere Ruhe.

retrouvions sur ces cartes, ou bien du chagrin, de l'angoisse, du désespoir?

Je me mis à fredonner la berceuse maternelle en balayant le ciel à travers les ramures. Deux octaves en dessous, Rudy joignit son souffle rauque au mien. Et c'est ainsi que le père Pons nous découvrit, deux enfants qui chantonnaient une comptine yiddish en pleurant sur des images naïves de Marie.

En sentant sa présence, Rudy s'enfuit. À seize ans, il craignait davantage que moi le ridicule. Le père Pons vint s'asseoir à mes côtés.

– Tu n'es pas trop malheureux, ici?

– Non, mon père.

J'avalai mes larmes et tentai de lui faire plaisir.

– J'ai bien aimé la messe. Et je suis content d'aller cette semaine au catéchisme.

– Tant mieux, dit-il sans conviction.

– Je crois que, plus tard, je serai catholique.

Il me regarda avec douceur.

– Tu es juif, Joseph, même si tu choisis ma religion, tu le demeureras.

– Qu'est-ce que ça veut dire, être juif?

– Avoir été élu. Descendre du peuple choisi par Dieu il y a des milliers d'années.

4 **balayer:** fegen; hier: mit den Augen streifen, entlanggleiten.
la ramure: Geäst, Astwerk.
5 **le souffle:** hier: Stimme.
rauque: rau.
7 **chantonner:** trällern, vor sich hin singen.
la comptine: Abzählreim (dazu: *compter*); hier: Liedchen.
16 **le catéchisme:** hier: Religionsunterricht.
23 **élu, e:** auserwählt.

– Il nous a choisis pourquoi? Parce que nous étions mieux que les autres? Ou moins bien?

– Ni l'un ni l'autre. Vous n'avez aucun mérite ni défaut particulier. C'est tombé sur vous, c'est tout.

– Qu'est-ce qui est tombé sur nous?

– Une mission. Un devoir. Témoigner devant les hommes qu'il n'y a qu'un seul Dieu et, à travers ce Dieu, forcer les hommes à respecter les hommes.

– J'ai l'impression que c'est raté, non?

Le père ne répondit pas. Je repris.

– Si nous avons été élus, c'est comme cible. Hitler veut notre peau.

– Peut-être à cause de cela? Parce que vous êtes un obstacle à sa barbarie. C'est la mission que Dieu vous a donnée qui est singulière. Pas votre peuple. Sais-tu qu'Hitler voudrait se débarrasser aussi des chrétiens?

– Il ne peut pas, il y en a trop!

– Provisoirement, il en est empêché. Il a essayé en Autriche, il s'est vite arrêté. Cependant cela fait partie de son plan. Les juifs puis les chrétiens. Il attaque par vous. Il achèvera par nous.

Je compris que la solidarité motivait l'action du père, pas la seule gentillesse. Cela me rassura un peu. Je resongeai alors au comte et à la comtesse de Sully.

– Dites-moi, mon père, si je descends d'une race de plusieurs millénaires, respectable et tout ça, c'est que je suis noble?

3 **le mérite:** Verdienst, Vorzug.
6 **témoigner:** bekunden, bezeugen, Zeugnis ablegen.
9 **c'est raté** (fam.): das hat nicht geklappt (*rater:* verfehlen, verpassen).
14 **un obstacle:** Hindernis.
26 **le millénaire:** Jahrtausend.

De surprise, il marqua une pause puis murmura:

– Oui, bien sûr, tu es noble.

– C'est bien ce qui me semblait.

J'étais apaisé d'obtenir la confirmation de mon intuition. Le père Pons poursuivit:

– Pour moi, tous les hommes le sont, nobles.

Je négligeai cet ajout afin de ne retenir que ce qui me comblait.

Avant de partir, il me tapota l'épaule.

– Je vais peut-être te choquer mais je ne veux pas que tu t'intéresses trop au catéchisme ni au culte. Contente-toi du minimum, veux-tu?

Il s'éloigna, me laissant furieux. Ainsi, parce que j'étais juif, je n'avais pas vraiment droit au monde normal! On ne me le prêtait que du bout des doigts. Je ne devais pas me l'approprier! Les catholiques voulaient rester entre eux, bande d'hypocrites et de menteurs!

Hors de moi, je rejoignis Rudy et laissai exploser ma colère contre le père. Sans chercher à me calmer, il m'encouragea à prendre mes distances.

4 **apaisé, e:** beruhigt, erleichtert (*apaiser:* beruhigen, beschwichtigen, stillen, lindern).
7 **négliger:** hier: überhören.
un ajout: Zusatz.
8 **combler:** erfüllen; hier: passen, gefallen.
11 **le culte:** hier: Gottesdienst, die Heilige Messe.
15 **prêter:** hier: hinstrecken, reichen.
16 **s'approprier:** sich aneignen.
17 **un hypocrite:** Heuchler, Scheinheiliger.
19 **hors de moi:** außer mir.
21 **prendre ses distances:** auf Distanz gehen, Abstand nehmen, sich distanzieren.

– Tu as raison de te méfier. Il n'est pas clair, ce coco. J'ai découvert qu'il avait un secret.

– Quel secret?

– Une autre vie. Une vie cachée. Une vie honteuse, sûrement.

– Quoi?

– Non, je ne dois rien dire.

Je dus harceler Rudy jusqu'au soir avant que, d'épuisement, il finisse par me confier ce qu'il avait décelé.

Chaque nuit, après l'extinction des feux, lorsque les dortoirs étaient fermés, le père Pons descendait sans bruit les escaliers, déverrouillait la porte de derrière avec des précautions de cambrioleur et sortait dans le parc de l'école pour ne revenir que deux ou trois heures plus tard. Pendant le temps que durait son absence, il laissait brûler une veilleuse dans son appartement afin de faire croire qu'il s'y trouvait.

Rudy avait repéré puis vérifié ces allées et venues alors que lui-même s'échappait de son dortoir pour fumer aux toilettes.

– Où va-t-il?

1 **se méfier:** misstrauisch sein (dazu: *la méfiance:* Misstrauen, Argwohn).
il n'est pas clair (fam.): der ist nicht sauber.
2 **le coco** (fam.): Kerl, Früchtchen.
10 **déceler:** herausfinden.
11 **une extinction:** Auslöschen.
13 **déverrouiller:** entriegeln (dazu: *le verrou:* Riegel).
14 **la précaution:** Vorsichtsmaßnahme.
le cambrioleur: Einbrecher, Räuber.
17 **la veilleuse:** Nacht(tisch)lampe.
19 **repérer:** ausfindig machen, bemerken.
les allées et venues: Hin und Her, Kommen und Gehen.

– Je n'en sais rien. Nous n'avons pas le droit de sortir de la Villa.

– Je vais le pister.

– Toi! Tu n'as que six ans!

– Sept, en vérité. Presque huit.

– Tu seras renvoyé!

– Tu crois qu'on va me rendre à ma famille?

Bien que Rudy refusât à grands cris de devenir mon complice, je lui extorquai néanmoins sa montre et j'attendis le soir avec impatience, sans avoir même à lutter contre le sommeil.

À neuf heures et demie, je me faufilai entre les lits jusqu'au couloir d'où, protégé par le gros poêle, je vis descendre le père Pons, glissant silencieusement telle une ombre le long des murs.

Diabolique et rapide, il fit jouer les verrous ventrus de la porte de derrière et se faufila dehors. Retardé par la minute qu'il me fallut pour pousser le battant sans grincements, je faillis perdre la trace de sa fine silhouette fuyant entre les arbres. Était-ce bien le

3 **pister qn:** jdn. ausspionieren, jdm. auf der Spur bleiben.
6 **renvoyer:** entlassen, rauswerfen.
8 **à grands cris:** lauthals (*le cri:* Schrei).
9 **extorquer:** abnötigen, abschwatzen.
néanmoins: dennoch, nichtsdestotrotz.
12 **se faufiler:** sich hindurchschlängeln.
13 **le poêle:** Ofen.
14 **glisser:** hier: gleiten.
16 **diabolique:** teuflisch
jouer: hier: funktionieren.
ventru, e: dickbäuchig; hier: schwer.
19 **le grincement:** Knarren, Quietschen (dazu: *grincer*).
la trace: Spur.
20 **fuir:** fliehen (dazu: *la fuite:* Flucht).

même homme, ce digne prêtre sauveur d'enfants, qui filait à vive allure sous une lune borgne, plus souple qu'un loup, contournant les buissons et les souches dans lesquels, moi, je prenais mes pieds nus sans sabots? Je tremblais qu'il ne me distançât. Pire, je redoutais qu'il disparût, tant il se révélait, ce soir, une créature maléfique acoquinée aux plus étranges sortilèges.

Il ralentit dans la clairière où s'achevait le parc. Le mur d'enceinte s'élevait. Il n'y avait qu'une seule issue, la courte porte de fer donnant sur la route, à côté de la chapelle désaffectée. Pour moi, la poursuite s'arrêterait là: je n'oserais jamais le talonner, en pyjama, les pieds glacés, dans l'obscurité de la campagne inconnue. Mais il s'approcha de l'étroite église, sortit de

1 **digne:** würdig.
2 **filer:** spinnen; hier: huschen.
à vive allure: mit flinkem Schritt.
borgne: trüb.
3 **contourner:** umgehen.
le buisson: Strauch.
la souche: Baumstumpf.
5 **distancer:** hinter sich lassen, abhängen.
pire: schlimmer noch.
6 **se révéler qc:** sich als etwas erweisen.
7 **maléfique:** unheilvoll.
acoquiné, e à: verbündet mit.
7f. **le sortilège:** Zauber, Zaubermacht.
9 **la clairière:** Lichtung.
10 **le mur d'enceinte:** Außen-, Ringmauer, Mauerring (*une enceinte:* Inneres).
10f. **une issue:** Ausgang, Ausweg.
11 **donner sur:** (hinaus)gehen auf (Tür, Fenster).
12 **la poursuite:** Verfolgung.
13 **talonner qn:** jdm. auf den Fersen bleiben.

sa soutane une clé démesurée, ouvrit la porte et la referma vivement à double tour derrière lui.

Ainsi, c'était cela, l'énigme du père Pons? Il allait prier seul, en douce, le soir au fond du jardin? J'étais déçu. Quoi de plus insignifiant! Quoi de moins romanesque! Grelottant de froid, les orteils humides, je n'avais plus qu'à rentrer.

Soudain la porte rouillée s'écarta et un intrus, venu de l'extérieur, pénétra dans l'enceinte, un sac sur le dos. Sans hésiter, il se dirigea vers la chapelle où il frappa plusieurs coups discrets, rythmés, qui obéissaient sans doute à un code.

Le père ouvrit, échangea avec l'inconnu quelques mots à voix basse, récupéra le sac puis se verrouilla derechef. L'homme repartit sans attendre.

Je demeurai derrière mon tronc, interloqué. À quel trafic se livrait le père? Que récoltait-il dans ce sac?

1 **la soutane:** Soutane, Priestergewand.
démesuré, e: riesig.
1 f. **fermer à double tour:** den Schlüssel zweimal herumdrehen.
3 **une énigme:** Rätsel.
4 **en douce:** insgeheim.
5 **quoi de plus insignifiant:** wie langweilig!
5 f. **romanesque:** abenteuerlich.
6 **grelotter:** schlottern.
8 **rouillé, e:** verrostet.
s'écarter: hier: sich öffnen.
un intrus: Eindringling.
11 **discret, ète:** hier: leise, unauffällig.
15 **derechef** (litt.): wiederum.
16 **interloqué, e:** verblüfft.
17 **le trafic:** (illegaler) Handel, Schwarzhandel.
se livrer à qc: hier: bei etwas mitmachen.
récolter: ernten, sammeln.

Je m'assis sur la mousse, le dos appuyé contre un chêne, décidé à attendre les prochaines livraisons.

Le silence de la nuit craquait de toutes parts, comme si un feu d'angoisse la consumait. Des bruits furtifs crépitaient, éclats sans suite, sans explication, déchirures brèves, plaintes aussi incompréhensibles que la douleur muette qui s'ensuivait. Mon cœur battait trop vite. Un étau écrasait mon crâne. Ma frayeur prenait les formes de la fièvre.

Une seule chose me rassurait: le tic-tac de la montre. À mon poignet, imperturbable, amicale, le cadran de Rudy ne se laissait pas impressionner par les ténèbres et continuait à mesurer le temps.

À minuit, le père sortit de l'église, la boucla avec soin et reprit la direction de la Villa.

Je faillis l'arrêter au passage tant j'étais épuisé mais

1 **la mousse:** Moos.
2 **le chêne:** Eiche.
la livraison: Lieferung (dazu: *livrer*; *le livreur*).
3 **craquer:** knacken, krachen.
4 **une angoisse:** Angst (dazu: *angoisser:* in Angst versetzen).
consumer: verzehren.
4f. **furtif, ve:** kurz.
5 **crépiter:** knistern.
un éclat: hier: Laut, Geräusch.
sans suite: vereinzelt.
5f. **la déchirure:** Aufreißen (der Stille).
7 **s'ensuivre:** sich anschließen.
8 **un étau:** Schraubstock.
la frayeur: Schrecken.
11 **imperturbable:** unerschütterlich, nicht aus dem Takt zu bringen.
la cadran: Zifferblatt.
12f. **les ténèbres** (f., nur pl.): Finsternis.
14 **boucler:** verschließen.

il se faufila si vite entre les arbres que je n'en eus pas le temps.

Au retour, je manifestai moins de prudence qu'à l'aller. J'écrasai plusieurs fois des brindilles. À chaque claquement, le père s'arrêtait, inquiet, et scrutait les ténèbres. Parvenu à la Villa Jaune, il s'y engouffra et fit grincer les verrous derrière lui.

Me retrouver enfermé à l'extérieur du pensionnat, voilà ce que je n'avais pas prévu! Le bâtiment se dressait droit, compact, sombre, hostile, devant moi. Le froid et la veillée avaient épuisé mes forces. Qu'allais-je faire? Non seulement on découvrirait le lendemain que j'avais passé la nuit dehors mais où allais-je dormir maintenant? Serais-je encore vivant demain matin?

Je m'assis sur les marches et me mis à pleurer. Au moins, cela me réchauffait. Le chagrin me dictait une conduite: mourir! Oui, le plus digne était de mourir, là, tout de suite.

Une main se posa sur mon épaule.

– Allez, rentre vite!

Je sursautai par réflexe. Rudy me lorgnait avec un visage triste.

3 **manifester:** äußern, bekunden, erkennen lassen.
4 **la brindille:** Zweig.
5 **le claquement:** Knacken, Klacken.
6 **s'engouffrer:** sich ergießen; hier: sich hineindrängen, schnell eintreten.
10 **hostile:** feindlich.
11 **la veillée:** Nachtwache.
18 **la conduite:** Benehmen, Verhalten, Verhaltensweise.
22 **sursauter:** aufschrecken, hochfahren.
lorgner: beäugen.

– Lorsque je ne t'ai pas vu remonter derrière le père, j'ai compris que tu avais un problème.

Bien qu'il fût mon parrain, qu'il mesurât deux mètres de haut et que je dusse lui mener la vie dure si je voulais conserver mon autorité, je me jetai dans ses bras et j'acceptai, le temps de quelques larmes, de n'avoir que sept ans.

Le lendemain à la récréation, je confiai ce que j'avais découvert à Rudy. D'un air connaisseur, il lâcha son diagnostic:

– Marché noir! Comme tout le monde, il fait du marché noir. Ce n'est rien d'autre.

– Qu'est-ce qu'il récupère dans ce sac?

– De quoi manger, pardi!

– Pourquoi ne le rapporte-t-il pas ici, le sac?

Rudy buta sur cette difficulté. Je continuai:

– Et pourquoi passe-t-il deux heures dans la chapelle, sans une seule lumière? Que fait-il?

Rudy chercha une idée dans sa tignasse avec ses doigts.

– Je ne sais pas moi ... Peut-être qu'il mange ce qu'il y a dans le sac!

– Le père Pons mangerait pendant deux heures, maigre comme il est? Le contenu d'un si gros sac? Tu crois à ce que tu dis?

– Non.

4 **mener la vie dure à qn:** jdm. das Leben schwer machen.
9 **un air connaisseur:** Kennermiene, wissender Blick.
10 **le diagnostic:** Diagnose.
14 **pardi:** klare Sache!
16 **buter:** stolpern.
19 **la tignasse** (fam.): Wuschelkopf.

Durant la journée j'observais le père Pons chaque fois que j'en avais l'occasion. Quel mystère cachait-il? Il simulait si bien un comportement normal que j'en venais à avoir peur de lui. Comment pouvait-on feindre à ce point? Comment pouvait-on donner autant le change? Quelle horrible duplicité! Et s'il était le diable en soutane?

Avant le repas du soir, Rudy bondit joyeusement vers moi.

– J'ai trouvé: il fait de la résistance. Il doit avoir camouflé un émetteur radio dans la chapelle désaffectée. Chaque soir il reçoit des informations et il les transmet.

– Tu as raison!

Cette idée me plut aussitôt parce qu'elle sauvait le père Pons, réhabilitant le héros qui était venu me chercher chez les Sully.

Au crépuscule, le père Pons organisa dans la cour une partie de ballon prisonnier. Je renonçai à y jouer pour pouvoir mieux l'admirer, libre, gentil, rieur, parmi les enfants qu'il protégeait des nazis. Rien de dé-

2 **le mystère:** dunkles Geheimnis.
4f. **feindre:** sich verstellen, simulieren.
5f. **donner le change à qn:** jdn. hinters Licht führen.
6 **la duplicité:** Doppeldeutigkeit, Falschheit.
10 **il fait de la résistance:** er ist in der Résistance tätig (*la résistance:* Widerstand, Widerstandsbewegung).
11 **un émetteur:** Sender.
13 **transmettre:** vermitteln, weitergeben.
18 **le crépuscule:** Dämmerung.
19 **le ballon prisonnier:** Völkerball.
20 **rieur, euse:** lustig, lachend.
21f. **démoniaque:** dämonisch.

moniaque ne sourdait de lui. Seule la bonté perçait. Ça crevait les yeux.

Je dormis un peu mieux les jours qui suivirent. Car, depuis mon arrivée au pensionnat, je redoutais chaque nuit. Dans mon lit de fer, au milieu des draps froids, sous l'imposant plafond de notre dortoir, contre ce matelas si étroit que mes os heurtaient les ressorts métalliques du sommier, alors que je partageais la salle avec trente camarades et un surveillant, je me sentais plus seul que jamais. J'appréhendais de m'endormir, je m'en empêchais même, et pendant ces moments de lutte, ma compagnie ne me plaisait pas. Pire, elle me dégoûtait. Décidément, je n'étais qu'une sale loque, un pou, moins qu'une bouse de vache. Je me malmenais, je me grondais, je me promettais des punitions terribles. «Si tu te laisses aller, tu devras donner ta plus belle bille, ton agate rouge, au garçon

1 **sourdre** (litt.): hervorquellen.
2 **ça crevait les yeux:** das sprang in die Augen.
7 **le matelas:** Matratze.
un os: Knochen.
heurter: anstoßen.
8 **le ressort métallique:** Sprungfeder.
le sommier: Bettrahmen.
10 **appréhender de** (+ inf.): Angst davor haben.
12 **ma compagnie ne me plaisait pas:** ich war mit mir selbst nicht glücklich.
13 **dégoûter:** anwidern, abstoßen.
14 **la loque:** Lumpen.
la bouse de vache: Kuhfladen.
15 **se malmener:** sich runtermachen.
17 **la bille:** hier: Murmel.
une agate: Achat; hier: marmorierte Glasmurmel.

que tu détestes le plus. Tiens, à Fernand!» Pourtant, malgré mes menaces, je cédais encore … J'avais beau prendre mes précautions, au matin je me réveillais, les hanches collées sur une tache chaude, humide, aux effluves lourds de foin coupé dont j'aimais d'abord le contact et l'odeur, où je me roulais même avec bonheur, jusqu'à ce que la conscience m'arrive, épouvantable, qu'une fois de plus j'avais pissé au lit! J'en éprouvais d'autant plus de honte que, depuis des années, j'étais parvenu à être propre. Or la Villa Jaune me faisait rétrograder, je ne comprenais pas pourquoi.

Pendant quelques nuits, peut-être parce que je songeais, au moment de sombrer, la tête sur l'oreiller, à l'héroïsme du père Pons, je réussis à contrôler ma vessie.

Un dimanche après-midi, Rudy vint vers moi avec un air de conspirateur.

– J'ai la clé …

– La clé de quoi?

– La clé de la chapelle, bien sûr.

Nous allions pouvoir vérifier l'activité de notre héros.

2 **céder:** nachgeben, nicht durchhalten.
2 f. **avoir beau faire qc:** etwas vergeblich tun.
4 f. **un effluve:** Ausdünstung.
5 **le foin:** Heu.
9 **la honte:** Scham.
11 **me faisait rétrograder:** machte mich wieder zum Baby (*rétrograder:* in der Entwicklung zurückfallen).
14 **sombrer:** versinken, wegsacken.
15 f. **la vessie:** (Harn-)Blase.
18 **le conspirateur:** Verschwörer.

Quelques minutes plus tard, essoufflés mais enthousiastes, nous pénétrions dans la chapelle.

Elle était vide.

Ni bancs, ni prie-Dieu, ni autel. Rien. Des murs crépis. Un sol poussiéreux. Des toiles d'araignées séchées, racornies. Rien. Un bâtiment fatigué, sans aucun intérêt.

Nous n'osions pas nous regarder, chacun craignant de reconnaître dans la déception de l'autre la confirmation de la sienne.

– Grimpons dans le clocher. S'il y a un émetteur radio, c'est en hauteur.

Nous nous envolâmes par l'escalier en colimaçon. En haut, seules quelques fientes de pigeons nous attendaient.

– Enfin, ce n'est pas possible!

Rudy frappait du pied. Son hypothèse s'effritait. Le père nous échappait. Nous n'arrivions pas à cerner son mystère.

Plus grave pour moi, je ne pouvais plus me persuader qu'il était un héros.

– Rentrons.

En retraversant le bois, agités par cette question –

1 f. **enthousiaste:** voller Begeisterung.
4 **le prie-Dieu:** Betschemel.
5 **la toile d'araignée:** Spinnwebe.
6 **racorni, e:** hart geworden.
11 **le clocher:** Glockenturm.
13 **un escalier en colimaçon:** Wendeltreppe (*le colimaçon:* Schnecke).
14 **la fiente de pigeon:** Taubendreck.
17 **frapper du pied:** aufstampfen.
s'effriter: abbröckeln, zerbröseln.
18 **cerner:** einkreisen, zu fassen kriegen.

que faisait le père, chaque nuit, sans lumière, entre ces murs vides? –, nous n'avons pas échangé un mot. Ma décision était prise: je n'attendrais pas un jour de plus pour le découvrir, d'autant que je risquais de me remettre à inonder mon matelas.

Nuit. Mort du paysage. Silence des oiseaux.

À neuf heures et demie, j'étais posté dans l'escalier de la Villa, plus couvert qu'à l'occasion précédente, un foulard autour du cou, mes sabots enrobés de feutrine volée à l'atelier de bricolage pour ne pas faire de bruit.

L'ombre dévala les escaliers et s'enfonça dans le parc où l'obscurité avait effacé toutes les formes.

Une fois à la chapelle, je bondis dans la clairière et tambourinai le code secret sur le battant de bois.

La porte s'entrebâilla et, sans attendre une réaction, je me glissai à l'intérieur.

– Mais ...

Le père n'avait pas eu le temps de m'identifier, il avait vu passer une silhouette plus menue qu'à l'ordi-

4 **d'autant que:** zumal da, umso mehr als.
5 **inonder:** überfluten, unter Wasser setzen.
7 **être posté, e:** bereit sein, auf dem Posten stehen.
8 **couvert, e:** hier: eingepackt, warm angezogen.
9 **le foulard:** Schal.
enrober: umwickeln.
9f. **la feutrine:** Filzlappen.
10 **l'atelier de bricolage:** Werkraum (*le bricolage:* Bastelei, Heimwerken).
12 **dévaler:** runterrennen.
13 **effacer:** wegwischen, auslöschen.
15 **tambouriner:** trommeln (dazu: *le tambour:* Trommel).
16 **s'entrebâiller:** sich einen Spalt breit öffnen.
20 **menu, e:** klein, zierlich.

naire. Par réflexe, il avait fermé derrière moi. Nous nous retrouvions, tous deux, coincés dans la pénombre, sans distinguer les traits ni même les contours de l'autre.

– Qui est là? cria le père.

Affolé par mon audace, je ne parvins pas à répondre.

– Qui est là? répéta le père, cette fois-ci, d'une voix menaçante.

J'avais envie de fuir. Un grattement se produisit, une flamme jaillit. Le visage du père Pons se dessina derrière une allumette, altéré, tordu, inquiétant. Je reculai. La flamme s'approcha.

– Quoi? C'est toi, Joseph?

– Oui.

– Comment as-tu osé quitter la Villa?

– Je veux savoir ce que vous faites ici.

En une longue phrase sans respiration, je lui rapportai mes doutes, mes poursuites, mes questions, l'église vide.

– Repars immédiatement au dortoir.

– Non.

– Tu vas m'obéir.

– Non. Si vous ne me dites pas ce que vous faites, je me mets à crier et votre complice saura que vous n'avez pas su rester discret.

2 **coincer:** einklemmen, quetschen.
3 **le contour:** Umriss.
6 **un audace:** Kühnheit, Wagemut (dazu: *audacieux, se*).
9 **le grattement:** Reiben, Kratzen (dazu: *gratter*).
10 **jaillir:** hier: aufflackern.
11 **altéré, e:** völlig verändert.
tordu, e: entstellt.
25 **discret, ète:** hier: verschwiegen.

– C'est du chantage, Joseph.

À ce moment, les coups retentirent à la porte. Je me tus. Le père ouvrit, passa la tête dehors, récupéra un sac après un bref conciliabule.

Lorsque le livreur clandestin s'éloigna, je conclus:

– Vous avez vu, je me suis tu. Je suis avec vous, pas contre vous.

– Je ne tolère pas les espions, Joseph.

Un nuage délivra la lune qui fit tomber une lumière bleue dans la pièce, rendant nos visages gris mastic. Je trouvai soudain le père trop élancé, trop maigre, un point d'interrogation tracé au charbon sur la paroi, presque la caricature du méchant juif que les nazis affichaient sur les murs de notre quartier, l'œil inquiétant à force d'être vif. Il sourit.

– Après tout: viens!

M'attrapant la main, il me conduisit à la travée gauche de la chapelle où il déplaça une vieille car-

1 **le chantage:** Erpressung.
4 **le conciliabule:** Getuschel.
5 **clandestin, e:** heimlich.
8 **un espion:** Spion.
10 **le mastic:** Kitt.
11 **élancé, e:** dünn.
12 **le charbon:** Kohle(stift).
la paroi: Wand.
13 f. **afficher:** anheften, ankleben (*une affiche:* Plakat).
14 f. **l'œil inquiétant à force d'être vif:** mit beängstigend stechendem Blick.
16 **après tout: viens:** na, komm schon!
17 **attraper:** hier: fassen.
la travée: Abschnitt eines Gewölbes, Seitenschiff (eines mehrschiffigen Gebäudes).
18 f. **la carpette:** Läufer, Teppich.

pette raide de crasse. Au sol, un anneau apparut. Le père le souleva. Une dalle s'ouvrit.

Des marches descendaient dans le corps noir de la terre. Sur la première, une lampe à huile attendait. Le père l'alluma et pénétra lentement dans la gueule souterraine, m'intimant l'ordre de le suivre.

– Qu'y a-t-il sous une église, mon petit Joseph?

– Une cave?

– Une crypte.

Nous arrivions aux derniers degrés. Une odeur fraîche de champignons soufflait des profondeurs. L'haleine de la terre?

– Et qu'y a-t-il dans ma crypte?

– Je ne sais pas.

– Une synagogue.

Il alluma quelques bougies et je découvris la synagogue secrète que le père avait aménagée. Sous un manteau de riches étoffes brodées, il conservait un rouleau de la Torah, un long parchemin couvert de l'écriture sacrée. Une photo de Jérusalem marquait la direction où se tourner pour prier, car c'est par cette ville que les prières remontent à Dieu.

1 **un anneau:** Ring.
2 **la dalle:** Steinplatte.
3 **la marche:** hier: Stufe.
6 **intimer l'ordre à qn de** (+ inf.): jdm. einen Befehl erteilen.
9 **la crypte:** Krypta.
10 **le degré:** Grad, Stufe.
12 **une haleine:** Atem.
17 **aménager:** einrichten.
19 **le rouleau de la Torah:** Thora-Rolle. (Die Thora – auch: Tora –, ein Teil der Heiligen Schrift, ist für Juden Gottesgesetz und Kern ihres Glaubens.)
le parchemin: Pergament.

Derrière nous, des étagères supportaient un amoncellement d'objets.

– Qu'est-ce que c'est?

– Ma collection.

Il désigna des livres de prières, des poèmes mystiques, des commentaires de rabbins, des chandeliers à sept ou à neuf branches. À côté d'un gramophone, s'empilaient des galettes de cire noire.

– C'est quoi, ces disques?

– Des musiques de prières, des chants yiddish. Sais-tu qui fut le premier collectionneur de l'histoire humaine, mon petit Joseph?

– Non!

– C'était Noé.

– Connais pas.

– Il y a très longtemps, des pluies incessantes s'abattirent sur le monde. L'eau crevait les toits, fendait les murs, détruisait les ponts, recouvrait les routes, gonflait les fleuves et les rivières. De gigantesques crues emportèrent les villages et les villes. Les survivants se retranchèrent en haut des montagnes qui, au début, offrirent un refuge sûr mais qui, sous l'effet du

1 f. **un amoncellement:** Ansammlung.
6 f. **le chandelier à sept branches:** siebenarmiger Leuchter.
8 **s'empiler:** sich stapeln.
la galette: Fladen; hier: flache Scheibe.
16 **incessant, e:** unaufhörlich (*cesser:* aufhören).
17 **s'abattre:** niedergehen.
17 f. **fendre:** spalten.
19 **gonfler:** anschwellen (lassen).
20 **la crue:** Flut.
21 **se retrancher:** sich zurückziehen.
22 **le refuge:** Zuflucht.

ruissellement et des infiltrations, se lézardèrent, puis se brisèrent en blocs. Un homme, Noé, pressentit que notre planète allait être entièrement recouverte par les eaux. Alors il commença une collection. Avec le secours de ses fils et ses filles, il s'arrangea pour trouver un mâle et une femelle de chaque espèce vivante, un renard et une renarde, un tigre et une tigresse, un faisan et une faisane, un couple d'araignées, d'autruches, de serpents ... ne négligeant que les poissons et les mammifères marins qui, eux, proliféraient dans l'océan grossissant. En même temps, il construisit un immense bateau et, lorsque les eaux s'élevèrent jusqu'à lui, il chargea sur son navire tous les animaux et les humains qui restaient. L'arche de Noé navigua plusieurs mois sans but sur la surface de l'immense mer qu'était devenue la terre. Puis les pluies cessèrent. L'eau décrut doucement. Noé craignait de ne plus pouvoir nourrir les habitants de son arche. Il libéra une colombe qui revint en tenant une feuille

1 **le ruissellement:** (Ab-)Fließen.
une infiltration: Einsickern.
se lézarder: rissig werden.
5 **s'arranger pour** (+ inf.): es so einrichten, es fertigbringen.
6 **le mâle / la femelle:** Männchen, Weibchen (Tiere).
une espèce: Art, Spezies.
8 **le faisan:** Fasan.
8 f. **un autruche:** Strauß.
9 **négliger:** außer Acht lassen.
10 **le mammifère:** Säugetier.
marin, e: Meeres...
13 **le navire:** Boot.
14 **naviguer:** umhertreiben.
17 **décroître:** weniger werden, sinken.
19 **la colombe:** Taube.

d'olivier fraîche dans son bec, signalant que la crête des montagnes pointait enfin au-dessus des vagues. Il comprit qu'il avait gagné son pari fou: sauver toutes les créatures de Dieu.

– Pourquoi Dieu ne les a-t-il pas sauvées lui-même? Il s'en foutait? Il était parti en vacances?

– Dieu a créé l'univers une fois pour toutes. Il a fabriqué l'instinct et l'intelligence afin que nous nous débrouillions sans lui.

– Noé, c'est votre modèle?

– Oui. Comme lui, je collectionne. Dans mon enfance, j'ai vécu au Congo belge où mon père était fonctionnaire; les Blancs méprisaient tant les Noirs que j'avais entamé une collection d'objets indigènes.

– Où est-elle?

– Au musée de Namur. Aujourd'hui, grâce aux peintres, c'est devenu à la mode: on appelle ça l'«art nègre». Actuellement, j'ai deux collections en cours: ma collection tzigane et ma collection juive. Tout ce que Hitler veut anéantir.

1 **la crête:** Gipfel.
2 **pointer:** auftauchen, herausschauen, emporragen.
3 **le pari:** Wette.
6 **s'en foutre** (pop.): auf etwas pfeifen.
9 **se débrouiller:** sich durchschlagen, klarkommen.
12 **le Congo belge:** Die heutige Republik Kongo war bis 1960 belgische Kolonie.
13 **mépriser:** verachten.
14 **indigène:** einheimisch, eingeboren, Eingeborenen…
18 **nègre:** Neger…; afrikanisch.
avoir qc en cours: etwas betreiben, laufen haben.
19 **tzigan, e:** Zigeuner…
20 **anéantir:** vernichten.

– Feriez pas mieux de tuer Hitler?

Sans me répondre, il m'emmena vers les volumes entassés.

– Chaque soir, je me retire pour méditer les livres juifs. Et la journée, au bureau, j'apprends l'hébreu. On ne sait jamais …

– On ne sait jamais quoi?

– Si le déluge continue, s'il ne reste plus un juif parlant l'hébreu dans le cosmos, je pourrai te l'apprendre. Et tu le transmettras.

J'approuvai de la tête. Pour moi, vu l'heure tardive, le décor fantastique de la crypte, caverne d'Ali Baba vacillante sous le tremblement des chandelles, il s'agissait autant d'un jeu que d'une réalité. D'une voix claironnante, je m'exclamai avec ferveur:

– Alors on dirait que vous seriez Noé et que je serais votre fils!

Ému, il s'agenouilla devant moi. Je sentais qu'il voulait m'embrasser mais qu'il n'osait pas. C'était bon.

1 **feriez pas mieux** (fam.): wär's nicht besser …
2 **le volume:** hier: Band (eines Buchs).
3 **entasser:** aufstapeln, auftürmen.
4 **méditer qc:** sich in etwas vertiefen, über etwas nachsinnen.
5 **l'hébreu** m.: Hebräisch.
8 **le déluge:** Sintflut.
11 **vu …:** angesichts …
tardif, ve: spät.
12 **la caverne:** Höhle.
13 **le tremblement:** hier: Flackern.
15 **claironnant, e:** lauthals, trompetend (*le clairon:* Horn [Instrument]).
la ferveur: Inbrunst.
18 **ému, e:** gerührt, bewegt.
s'agenouiller: auf die Knie fallen.

– Nous allons conclure un marché, veux-tu? Toi, Joseph, tu feras semblant d'être chrétien, et moi je ferai semblant d'être juif. Tu iras à la messe, au catéchisme, tu apprendras l'histoire de Jésus dans le Nouveau Testament, tandis que moi, je te raconterai la Torah, la Michna, le Talmud, et nous dessinerons ensemble les lettres de l'hébreu. Veux-tu?

– Tope là!

– C'est notre secret, le plus grand des secrets. Toi et moi pourrions mourir de trahir ce secret. Juré?

– Juré.

Je reproduisis le mouvement alambiqué que m'avait appris Rudy en guise de serment et je crachai par terre.

À partir de cette nuit-là, j'eus droit à une double vie clandestine auprès du père Pons. Je cachai à Rudy mon expédition nocturne et m'arrangeai pour qu'il s'interrogeât moins sur le comportement du père en détournant son attention sur Rosa, l'aide-cuisinière, une belle fille blonde de seize ans, nonchalante, qui

1 **conclure un marché:** ein Abkommen treffen.
6 **la Michna:** die Mischna (Sammlung des rabbinischen Lehrstoffes).
le Talmud: zusammenfassender Begriff für die Mischna und deren rabbinische Kommentare: die Gemara; beides Kernwerke der jüdischen Literatur.
8 **tope là:** schlag ein!, abgemacht!
10 **trahir:** verraten.
juré?: abgemacht? (*jurer:* schwören).
12 **alambiqué, e:** kompliziert (vor allem auf Tanzschritte bezogen).
13 **en guise** (f.) **de:** als, statt.
le serment: Schwur.
17 **nocturne:** nächtlich.
19 **détourner:** ablenken.
une aide-cuisinière: Küchenhilfe.

assistait l'économe. Je prétendis qu'elle fixait Rudy chaque fois qu'il ne la regardait pas. Rudy tomba tête baissée dans le piège et devint obsédé par Rosa. Il adorait soupirer sur des amours hors de sa portée.

Pendant ce temps, j'apprenais l'hébreu aux vingt-deux consonnes et aux douze voyelles, et, surtout, je repérais sous les apparences officielles les véritables préceptes qui gouvernaient notre pensionnat. Par une astuce de règlement, le père Pons faisait en sorte que nous respections le shabbat: le repos était obligatoire le samedi. Nous ne pouvions rédiger nos devoirs et apprendre nos leçons que le dimanche, après les vêpres.

– Pour les juifs, la semaine démarre le dimanche, pour les chrétiens le lundi.

– Comment ça se fait, mon père?

– Dans la Bible – que doivent lire autant les juifs que les chrétiens – il est dit que Dieu, lorsqu'il créa le monde, œuvra six jours et se reposa le septième. Nous devons l'imiter. Le septième jour, selon les juifs, c'est le samedi. Plus tard, les chrétiens, afin de se distinguer des juifs qui ne voulaient pas reconnaître Jésus comme le Messie, assurèrent que c'était le dimanche.

1 **un économe:** hier: Verwalter.
3 **obsédé, e:** besessen.
4 **la portée:** Reichweite.
7 **une apparence:** Anschein.
8 **le précepte:** Grundsatz.
gouverner: beherrschen, regieren.
9 **une astuce:** List, Trick.
10 **le shabbat:** Sabbat, Feiertag der Juden (Samstag).
11 **rédiger:** verfassen, (Bericht, Schriftstück) fertig stellen.
12 **les vêpres** f.: Vesper(gottesdienst).
13 **démarrer:** losgehen, starten.
18 **œuvrer** (litt.): schaffen, arbeiten.

– Qui a raison?

– Quelle importance?

– Dieu, il ne pourrait pas dire ce qu'il pense aux hommes?

– Ce qui est important, ce n'est pas ce que Dieu pense des hommes mais ce que les hommes pensent de Dieu.

– Mouais ... ce que je vois, moi, c'est que Dieu, il a bossé six jours et puis depuis, plus rien!

Le père éclatait de rire lorsque je m'indignais. Éternellement je cherchais à minorer les différences entre les deux religions afin de les ramener à une seule; toujours, il me retenait de simplifier.

– Joseph, tu aimerais savoir laquelle des deux religions est la vraie. Mais aucune des deux! Une religion n'est ni vraie ni fausse, elle propose une façon de vivre.

– Comment voulez-vous que je respecte les religions si elles ne sont pas vraies?

– Si tu ne respectes que la vérité, alors tu ne respecteras pas grand-chose. $2 + 2 = 4$, voilà ce qui sera l'unique objet de ton respect. À part ça, tu vas affronter des éléments incertains: les sentiments, les normes, les valeurs, les choix, autant de constructions fragiles et fluctuantes. Rien de mathématique. Le respect ne s'adresse pas à ce qui est certifié mais à ce qui est proposé.

En décembre, le père mena un double jeu pour

9 **bosser** (fam.): arbeiten, schuften.
11 **minorer:** kleiner machen.
13 **simplifier:** vereinfachen.
21 f. **affronter qc:** hier: mit etwas konfrontiert werden.
24 **fluctuant, e:** schwankend, unbeständig.
25 **certifier:** bestätigen, beglaubigen, versichern.

que nous célébrions en même temps la fête chrétienne de Noël et la fête juive d'Hanoukka, duplicité que seuls les enfants juifs devinaient. D'un côté, nous commémorions la naissance de Jésus, décorions la crèche du village et participions aux offices. De l'autre, nous devions travailler à un «atelier de bougies» où nous apprenions à préparer les mèches, fondre la cire, la colorer, mouler les chandelles; au soir, nous allumions nos œuvres en les exposant aux fenêtres; les enfants chrétiens recevaient ainsi la récompense de leurs efforts tandis que nous, les enfants juifs, nous pouvions accomplir à la dérobée le rite d'Hanoukka, la fête des Lumières, période de jeux et de cadeaux qui exige des aumônes et l'allumage des mèches au crépuscule. Nous, les enfants juifs ... Combien étions-nous à la Villa Jaune? Et qui? Excepté le père, personne ne le savait. Lorsque mes soupçons se portaient sur un camarade, je m'interdisais d'aller plus loin. Mentir et laisser mentir. Par là passait notre salut à tous.

En 1943, la police fit plusieurs irruptions à la Villa Jaune. À chaque fois, une classe d'âge subissait un

1 **célébrer:** feiern.
2 **Hanoukka:** Chanukka (hohes jüdisches Fest).
4 **commémorier qc:** einer Sache gedenken.
5 **la crèche:** Krippe.
7 **la mèche:** Docht.
fondre: schmelzen.
8 **mouler:** in eine Form gießen.
12 **à la dérobée:** heimlich.
14 **un aumône:** Almosen.
17f. **se porter sur:** sich richten, beziehen auf.
22 **la classe d'âge:** Altersstufe, (Schüler-)Jahrgang.
subir: erleiden, über sich ergehen lassen (müssen).

contrôle d'identité. Vrais ou faux, nos papiers tenaient la route. La fouille systématique de nos placards ne livrait rien non plus. Personne ne fut arrêté.

Cependant, le père s'inquiétait.

– Pour l'instant, il ne s'agit que de la police belge, je connais ces gars-là, sinon eux, du moins leurs parents; lorsqu'ils me voient, ils n'osent pas trop insister. Mais on m'a dit que la Gestapo opérait des descentes inopinées ...

Néanmoins, après chaque alerte, la vie retrouvait son cours. Nous mangions peu et mal, des plats de châtaignes, des pommes de terre, des soupes où les navets se couraient après, en dessert du lait fumant. Nous autres, les pensionnaires, nous avions l'habitude de fracturer le placard de celui auquel le facteur apportait un paquet; ainsi, nous récupérions parfois une boîte de gâteaux, un pot de confiture, du miel qu'il fallait absorber au plus vite sous peine de se le refaire dérober.

Au printemps, sur une leçon d'hébreu qu'il me donnait dans son bureau fermé à double tour, le père Pons n'arrivait pas à se concentrer. Le front plissé, il n'entendait même plus mes questions.

1 f. **tenir la route:** hier: standhalten.
6 **le gars** (fam.): Junge, Bursche.
8 f. **une descente:** hier: Polizeikontrolle, Razzia.
9 **inopiné, e:** unvermutet.
10 **une alerte:** Alarm.
11 f. **la châtaigne:** Kastanie.
12 f. **le navets** (m.) **se couraient après:** etwa: die Rüben musste man suchen.
13 **fumant, e:** rauchend, dampfend.
15 **le facteur:** Briefträger.
17 **le miel:** Honig.
17 f. **absorber:** sich einverleiben, verspeisen.

– Qu'est-ce que vous avez, mon père?

– La période des communions approche, Joseph. Je suis inquiet. Il est impossible que les pensionnaires juifs qui ont l'âge de faire leur communion l'accomplissent avec les chrétiens. Je n'en ai pas le droit. Ni par rapport à eux, ni par rapport à ma religion. C'est sacrilège. Comment vais-je m'y prendre?

Je n'hésitai pas une seconde.

– Demandez à Mademoiselle Marcelle.

– Pourquoi dis-tu ça?

– S'il y a quelqu'un qui se dévouera pour empêcher une communion, c'est Sacrebleu, non?

Il sourit de ma proposition.

Le lendemain, j'eus le droit de l'accompagner à la pharmacie de Chemlay.

– Qu'il est mignon, ce gosse, grogna Mademoiselle Marcelle en me voyant. Tiens, attrape!

Elle me jeta une pastille au miel.

Pendant que mes dents se débattaient avec cette friandise, le père Pons lui exposa la situation.

– Sacrebleu, pas de problème, monsieur Pons: je vais vous donner un coup de main. Combien sont-ils?

– Douze.

– Vous n'avez qu'à prétendre qu'ils sont malades! Hop! Les douze consignés à l'infirmerie.

7 **le sacrilège:** Sakrileg, Frevel.
11 **se dévouer:** sich aufopfern; hier: sich ein Bein ausreißen.
16 **mignon, ne:** niedlich, süß.
19 **se débattre:** kämpfen, sich herumschlagen.
20 **la friandise:** Leckerei.
22 **donner un coup de main à qn:** jdm. zur Hand gehen.
25 **consigner qn:** jdn. nachsitzen lassen, jdm. Ausgehverbot erteilen.
une infirmerie: Krankenzimmer, Krankenstation.

Le père réfléchit.

– On va remarquer leur absence. Elle les désignera.

– Pas si l'on dit qu'il y a une épidémie …

– Même. On s'interrogera.

– Alors il faut ajouter un ou deux garçons au-dessus de tout soupçon. Tenez, le fils du bourgmestre, par exemple. Mieux, le fils des Brognard, ces crétins qui ont mis la photo d'Hitler dans la vitrine de leur fromagerie.

– Bien sûr! Cependant, on ne rend pas quatorze garçons malades comme ça …

– Taratata, je m'en occupe.

Que fit Sacrebleu? Sous prétexte d'une visite médicale, elle vint à l'infirmerie et examina le groupe de postulants communiants. Deux jours plus tard, le ventre déchiré par la diarrhée, le fils du bourgmestre et le fils Brognard, alités, restèrent au bercail et ne purent se rendre en cours. Sacrebleu vint décrire les symptômes au père qui demanda aux douze communiants juifs de les simuler.

La communion étant prévue pour le lendemain, on consigna les douze pseudo-malades trois jours à l'infirmerie.

La cérémonie eut lieu dans l'église de Chemlay, un

5 **s'interroger:** sich fragen, sich Fragen stellen.
6 f. **au-dessus de tout soupçon:** über jeden Verdacht erhaben.
8 **le crétin:** Schwachkopf, Blödmann.
13 **taratata** (fam.): ach was!, papperlapapp!
16 **le postulant communiant:** Kommunionsanwärter.
17 **la diarrhée:** Durchfall.
18 **être alité, e:** bettlägerig sein, das Bett hüten müssen.
rester au bercail: in den Schoß der Familie zurückkehren.

office majestueux où les orgues ronflèrent plus que jamais. J'enviai beaucoup mes camarades en aube blanche de participer à un tel spectacle. Au fond de moi, je me promis d'être un jour à leur place. Le père Pons avait beau m'enseigner la Torah, rien ne m'émouvait autant que le rite catholique avec ses ors, ses fastes, ses musiques et ce Dieu immense et aérien qui se tenait, bienveillant, au plafond.

De retour à la Villa Jaune pour partager un frugal banquet qui nous sembla pantagruélique tant nous étions affamés, j'eus la surprise d'apercevoir Mademoiselle Marcelle au milieu du hall. Sitôt que le père la vit, il disparut avec elle dans son bureau.

Le soir même, j'appris de lui la catastrophe que nous avions frôlée.

Pendant la communion, la Gestapo avait fait irruption au pensionnat. Les nazis avaient sans doute exercé le même raisonnement que le père Pons: l'absence à la cérémonie des enfants en âge de communier les dénonçait.

1 **majestueux, se:** majestätisch, erhaben.
ronfler: schnarchen; hier: brummen, dröhnen.
2 **une aube:** langes (kuttenähnliches) Gewand.
7 **les fastes** (m., meist pl.): Prunk, Pracht.
aérien, ne: luftig, schwebend.
9 **frugal, e:** kärglich.
10 **le banquet:** Festmahl.
pantagruélique: üppig, ausschweifend (*Pantagruel:* Titelheld eines Romans von François Rabelais, 1532; der Riese P. hat einen seiner Gestalt entsprechenden Appetit).
11 **affamé, e:** ausgehungert.
12 **le hall:** Eingangshalle.
14 f. **frôler la catastrophe:** mit knapper Not einer Katastrophe entgehen (*frôler:* streifen).
17 f. **exercer un raisonnement:** eine Überlegung anstellen.

Fort heureusement, Mademoiselle Marcelle montait la garde devant l'infirmerie. Lorsque, des dortoirs vides, les nazis déboulèrent au dernier étage, elle se mit à tousser et cracher «d'une façon répugnante», selon ses mots. Lorsqu'on savait l'effet que faisait la très laide Sacrebleu au naturel, on frémissait en songeant à ce qui advenait lorsqu'elle exagérait. Sans s'opposer à leur demande, elle leur ouvrit la porte de l'infirmerie en les prévenant que les gosses étaient horriblement contagieux. À ces mots, elle ajouta un éternuement mal contrôlé et les visages nazis reçurent une douche de crachats.

S'essuyant la face avec inquiétude, les gestapistes tournèrent hâtivement les talons et quittèrent le pensionnat. Après le départ des voitures noires, Mademoiselle Marcelle avait passé deux heures à se tordre de rire sur un lit de l'infirmerie, ce qui, selon mes camarades, s'était révélé d'abord assez horrible puis épidémique.

Bien qu'il ne laissât rien percer, je sentais le père Pons de plus en plus soucieux.

– Je crains une fouille corporelle, Joseph. Que

1f. **monter la garde:** Wache halten, Posten stehen.
3 **débouler:** hochstürmen.
4 **répugnant, e:** abstoßend.
6 **au naturel:** schon von Natur aus.
7 **advenir:** geschehen.
11 **un éternuement:** Niesen.
12 **le crachat:** Spucke, Auswurf, Rotz.
19 **épidémique:** ansteckend.
20 **ne laisser rien percer:** sich (nach außen hin) nichts anmerken lassen, nichts spüren lassen.
22 **la fouille corporelle:** Leibesvisitation.

pourrais-je faire si les nazis vous font déshabiller pour repérer les circoncis?

J'approuvai de la tête avec une grimace signifiant que je partageais son désarroi. En vérité, je n'avais pas compris de quoi il me parlait. Les circoncis? Rudy, interrogé par moi, se mit à ricaner avec le gloussement qu'il émettait lorsqu'il parlait de la belle Dora, comme s'il frappait un sac de noix contre sa poitrine.

– Tu rigoles! Tu ne sais pas ce qu'est la circoncision? Tu n'ignores tout de même pas que tu l'es?

– Quoi?

– Circoncis!

La conversation prenait un tour qui me déplaisait: voilà que j'étais de nouveau doté d'une particularité qui m'échappait! Comme si ça ne suffisait pas d'être juif!

– Ton zizi, il a la peau qui ne descend pas jusqu'au bout?

– Évidemment.

– Eh bien, les chrétiens, eux, ont de la peau qui pend en dessous. On ne voit pas le bout rond.

– Comme les chiens?

– Oui. Exactement comme les chiens.

2 **circoncis, e:** beschnitten.
6 **ricaner** (fam.): lachen, feixen.
6 f. **le gloussement:** Glucksen.
7 **émettre:** ausstoßen, von sich geben.
8 **la noix:** Walnuss.
9 **tu rigoles!:** du machst wohl Witze?!
14 **être doté, e de qc:** mit etwas ausgestattet, versehen sein.
la particularité: Besonderheit.
15 **échapper à qn:** hier: jdm. entgehen, sich jds. Verständnis entziehen.
17 **le zizi** (fam.): Pimmel.

– Alors, c'est donc bien vrai que nous appartenons à une race à part!

L'information m'effondra: mes espoirs de devenir chrétien se volatilisaient. À cause d'un bout de peau que personne ne voyait, j'étais condamné à rester juif.

– Mais non, crétin, reprit Rudy, ça n'a rien de naturel, il s'agit d'une intervention chirurgicale: on t'a fait ça quelques jours après ta naissance. C'est le rabbin qui t'a coupé la peau.

– Pourquoi?

– Pour que tu sois comme ton père.

– Pourquoi?

– Parce que c'est comme ça depuis des milliers d'années!

– Pourquoi?

Cette découverte me sidérait. Le soir même, je me retirai à l'écart et passai de longues minutes à examiner mon appendice à la peau douce et rose sans que cela ne m'apprît rien. Je ne parvenais pas à imaginer qu'on pût en avoir un dissemblable. Les jours suivants, pour m'assurer que Rudy ne mentait pas, je stationnai aux toilettes de la cour, employant le temps de la récréation à me laver et à me relaver les mains devant les lavabos; l'œil en coin, j'essayais d'entre-

2 **à part:** besonders.
3 **effondrer:** erschüttern.
4 **se volatiliser:** sich verflüchtigen.
7 **une intervention chirurgicale:** chirurgischer Eingriff.
16 **sidérer** (fam.): verblüffen.
18 **un appendice:** Anhang, Anhängsel.
20 **dissemblable:** anders aussehend.
21 f. **stationner:** Stellung beziehen.
24 f. **entrevoir:** hier: aus den Augenwinkeln erspähen.

voir, dans les urinoirs voisins, le sexe de mes camarades au moment où ils le sortaient de leurs pantalons ou le rentraient! Très vite, je pus vérifier que Rudy ne m'avait pas menti.

– Rudy, c'est ridicule! Chez les chrétiens, ça se termine par une peau fine, resserrée et plissée, on dirait le bout d'un ballon gonflable là où on fait le nœud. Et puis il n'y a pas que ça: ils passent plus de temps que nous à pisser, ils se secouent le zizi après. On dirait qu'ils lui en veulent. Ils se punissent?

– Non, ils font partir les gouttes avant de capuchonner. Il leur est moins facile qu'à nous de rester propres. S'ils ne font pas attention, ils peuvent attraper plein de microbes qui puent et qui font mal.

– Et c'est quand même nous qu'on chasse? Tu comprends ça, toi?

En revanche, j'avais saisi le problème du père Pons. Je perçus alors les formules invisibles qui organisaient la douche hebdomadaire: le père établissait des listes qu'il vérifiait lui-même en faisant l'appel, selon lesquelles dix élèves, plusieurs âges confondus, passaient

1 **un urinoir:** (Toilette mit) Pinkelbecken.
3 **rentrer:** hier: wieder hineinstecken.
6 **resserré, e:** zusammengezogen.
7 **le ballon gonflable:** Luftballon.
9 **secouer:** schütteln.
11 f. **capuchonner:** (mit einer Kapuze) bedecken (*le capuchon:* Kapuze).
14 **plein de** (fam.): haufenweise.
puer: stinken.
18 **percevoir:** begreifen (*apercevoir:* wahrnehmen, bemerken).
la formule: hier: Vorschrift.
19 **hebdomadaire:** wöchentlich.
20 **faire l'appel** (m.): die Namen aufrufen.

nus du vestiaire à la salle d'eau commune sous sa seule surveillance. Chaque groupe se révélait homogène. Jamais un non-juif n'avait l'occasion d'apercevoir un juif et vice versa, la nudité demeurant interdite et punie en tout autre lieu. Ainsi pouvais-je désormais aisément deviner qui se cachait à la Villa Jaune. De ce jour, j'en tirai les conséquences pour moi-même et je pris l'habitude de soulager ma vessie derrière une porte verrouillée, évitant à jamais les urinoirs. Je tentai même de corriger l'opération qui m'avait estropié: je consacrais mes moments de solitude à manipuler ma peau pour qu'elle retrouve son aspect de naissance et recouvre mon gland. En vain! Tirée sans ménagement, elle remontait à chaque fin de séance sans qu'un progrès notable ne s'inscrivît jour après jour.

– Que faire si la Gestapo vous fait déshabiller, Joseph?

Pourquoi le père Pons mettait-il dans la confidence le plus jeune de ses pensionnaires? M'estimait-il plus vaillant que les autres? Avait-il besoin de rompre le silence? Souffrait-il de porter seul ses angoissantes responsabilités?

1 **le vestiaire:** Umkleideraum.
2 **homogène:** einheitlich (zusammengesetzt).
4 **vice versa:** umgekehrt.
la nudité: Nackheit.
5f. **aisément:** mühelos.
10 **estropier:** verstümmeln.
11 **consacrer:** widmen.
13 **le gland:** Eichel.
13f. **le ménagement:** Schonung, Rücksicht.
15 **notable:** bemerkenswert.
s'inscrire: hier: sich zeigen, erfolgen.
20 **vaillant, e:** wachsam.

– Hein, Joseph, si la Gestapo vous obligeait à baisser vos pantalons?

La réponse faillit nous emporter, tous, durant le mois d'août 1943. L'école, officiellement fermée, était transformée en colonie de vacances pour l'été. Ceux qui n'avaient pas de familles d'accueil logeaient au pensionnat jusqu'à la rentrée. Nous, plutôt que des abandonnés, nous nous sentions des princes: la Villa Jaune nous appartenait, la saison prodigue en fruits apaisait un peu notre constante fringale. Aidé de quelques jeunes séminaristes, le père Pons nous consacrait son temps. Nous alternions promenades, feux de camp, jeux de ballon et films de Charlot projetés sur un drap blanc tendu à la nuit sous le préau. Quoique discrets à l'égard de nos surveillants, nous n'avions plus à prendre de précautions entre nous: nous étions tous juifs. Par gratitude envers le père, il fallait voir avec quelle énergie nous assistions au seul cours qui subsistait, le cours de catéchisme, avec quel enthousiasme nous chantions au service divin, avec quelle ivresse nous construisions, lors des mati-

5 **la colonie de vacances:** Ferienlager.
7 **la rentrée:** Wiederbeginn des Schulunterrichts nach den Sommerferien.
9 **prodigue:** verschwenderisch.
10 **la fringale** (fam.): Heißhunger, Kohldampf.
12 **alterner:** abwechseln.
13 **Charlot:** französischer Name für Charlie Chaplin.
15 **à l'égard de:** hinsichtlich, gegenüber.
17 **la gratitude:** Dankbarkeit.
19 **subsister:** weiter bestehen.
20 **le service divin:** Gottesdienst.
21 **une ivresse:** Trunkenheit, Rausch.

nées pluvieuses, crèche et santons pour le Noël à venir.

Un jour qu'un match de foot avait mis les sportifs en nage, le père ordonna une douche immédiate. Les grands venaient d'y passer, les moyens aussi. Restait le groupe des petits dont je faisais partie.

Nous nous trouvions une vingtaine à crier et jouer sous les pommes d'eau fraîche lorsqu'un officier allemand pénétra dans le vestiaire.

L'officier blond entra, les enfants se pétrifièrent, les voix se turent, le père Pons devint plus pâle que les carreaux. Tout se figea, sauf les jets d'eau qui continuaient, joyeux, inconscients, à se déverser sur nous.

L'officier nous inspecta. D'instinct, certains couvrirent leur sexe, un geste de pudeur normale qui survenait trop tard pour ne pas devenir un aveu.

L'eau ruisselait. Le silence suait à grosses gouttes.

L'officier venait de percer notre identité. Un rapide mouvement de ses prunelles indiquait qu'il réfléchis-

1 **pluvieux, se:** regnerisch.
le santon: Krippenfigur aus bunt bemaltemTon, typisch für die Provence.
3f. **mettre en nage:** ins Schwitzen bringen.
8 **la pomme:** hier: Duschkopf.
10 **se pétrifier:** zu Stein werden, versteinern.
12 **le carreau:** Kachel.
se figer: erstarren.
le jet: Strahl.
13 **se déverser:** sich ergießen, niederrauschen.
15 **la pudeur:** Scham.
15f. **survenir:** kommen, sich ereignen.
16 **un aveu:** Geständnis.
17 **suer:** schwitzen.
19 **la prunelle:** Pupille.

sait. Le père Pons fit un pas et demanda d'une voix mal timbrée:

– Vous cherchez?

L'officier exposa en français la situation. Depuis le matin, sa troupe poursuivait un résistant qui, dans sa fuite, avait escaladé le mur du parc; il cherchait donc chez nous où l'intrus avait pu se dissimuler.

– Vous voyez que votre fugitif ne se cache pas là, dit le père Pons.

– Je le vois bien, en effet, répondit l'officier avec lenteur.

Un silence se réinstalla, lourd de craintes et de menaces. Je saisis que mon existence allait s'arrêter là. Encore quelques secondes, et nous allions sortir en rang, nus, humiliés, monter dans un camion qui nous conduirait je ne sais où.

Des pas retentirent à l'extérieur. Bruits de bottes. Fers percutant les pavés. Cris gutturaux.

L'officier à l'uniforme vert-de-gris se précipita vers la porte et l'entrebâilla.

– Il n'est pas là. Cherchez ailleurs. *Schnell!*

Déjà, le battant se refermait et la troupe s'éloignait.

L'officier regarda le père Pons dont les lèvres tremblaient. Certains commencèrent à pleurer. Je claquais des dents.

1f. **d'une voix mal timbrée:** mit dünner, schwacher Stimme.
6 **escalader:** erklimmen, übersteigen.
8 **le fugitif:** Flüchtling.
10 **en effet:** allerdings.
18 **percuter qc:** auf etwas schlagen.
le pavé: Straßenpflaster.
19f. **se précipiter vers la porte:** zur Tür stürzen.
24f. **claquer des dents:** mit den Zähnen klappern.

Je crus d'abord que l'officier saisissait son revolver à sa ceinture. En fait, il tirait son portefeuille.

– Tenez, dit-il au père Pons en lui tendant un billet, vous achèterez des bonbons pour les enfants.

Comme le père Pons, médusé, ne réagissait pas, l'officier lui fourra de force les cinq francs dans la main, nous sourit en clignant de l'œil, toqua ses talons et s'esquiva.

Combien de temps dura le silence après son départ? Combien de minutes nous fallut-il pour comprendre que nous étions sauvés? Certains continuaient à pleurer parce que la terreur ne les quittait plus; d'autres demeuraient tétanisés, interloqués; d'autres roulaient des yeux qui demandaient «Tu y crois, toi, tu y crois?»

Le père Pons, le visage cireux, les lèvres blanches, s'écroula brutalement sur le sol. Les genoux sur le ciment trempé, il se balançait d'avant en arrière en prononçant des phrases confuses, les yeux fixes, terribles. Je me précipitai sur lui et le serrai contre mon corps

2 **la ceinture:** Gürtel.
le portefeuille: Brieftasche.
5 **médusé, e:** versteinert.
7 **cligner de l'œil:** mit den Augen zwinkern (dazu: *le clin d'œil:* Zwinkern).
toquer: zusammenknallen.
8 **s'esquiver:** verschwinden.
13 **tétanisé, e:** verkrampft, erstarrt.
16 **cireux, se:** wächsern.
17 **s'écrouler:** zusammenbrechen.
17 f. **le ciment:** Zement(fußboden).
18 **trempé, e:** nass.
se balancer: schwanken.

humide, d'un geste protecteur, ainsi que je l'aurais fait avec Rudy.

J'entendis alors la phrase qu'il répétait:

– Merci, mon Dieu. Merci, mon Dieu. Pour mes enfants, merci.

Puis il vira vers moi, sembla découvrir ma présence, et, sans retenue, éclata en sanglots dans mes bras.

Certaines émotions se révèlent si puissantes que, heureuses ou malheureuses, elles nous brisent. Le soulagement du père nous bouleversa tant que, par contagion, quelques minutes plus tard, douze garçonnets juifs nus comme des vers et un prêtre en soutane, agglomérés les uns aux autres, trempés, à bout de nerfs, riaient et pleuraient à la fois.

Une joie diffuse emporta les jours suivants. Le père souriait en permanence. Il me confessa avoir puisé, dans ce dénouement, un regain de confiance.

– Vous croyez vraiment que c'est Dieu qui nous a aidés, mon père?

Je profitais de ma leçon d'hébreu pour poser les questions qui me taraudaient. Le père me contempla avec bienveillance.

7 **la retenue:** Zurückhaltung.
10 **bouleverser:** durcheinanderbringen, erschüttern.
12 **nu comme un ver:** splitterfasernackt (*le ver:* Wurm).
13 **s'agglomérer:** sich zusammenballen, sich ineinander schlingen.
13f. **à bout de nerfs:** völlig fertig.
16 **confesser:** gestehen.
puiser: schöpfen.
17 **le dénouement:** Lösung, Ausgang (der Dinge).
le regain: Rückkehr, Wiederaufleben.
20 **profiter de qc:** etwas ausnützen.
21 **tarauder:** umtreiben, beschäftigen.

– Franchement non, mon petit Joseph. Dieu ne se mêle pas de ça. Si je me sens bien depuis la réaction de cet officier allemand, c'est que j'ai regagné un peu de foi en l'homme.

– Moi, je pense que c'est grâce à vous. Dieu vous a à la bonne.

– Ne dis pas de sottises.

– Vous ne croyez pas que si l'on se montre pieux, un bon juif ou un bon chrétien, rien ne peut nous arriver?

– D'où tires-tu une idée aussi bête?

– Du catéchisme. Le père Boniface …

– Stop! Dangereuse niaiserie! Les humains se font du mal entre eux et Dieu ne s'en mêle pas. Il a créé les hommes libres. Donc nous souffrons et nous rions indépendamment de nos qualités ou de nos défauts. Quel rôle horrible veux-tu attribuer à Dieu? Peux-tu une seconde imaginer que celui qui échappe aux nazis est aimé de Dieu, tandis que celui qui est capturé en est détesté? Dieu ne se mêle pas de nos affaires.

– Vous voulez dire que, quoi qu'il arrive, Dieu s'en fout?

– Je veux dire que, quoi qu'il arrive, Dieu a achevé sa tâche. C'est notre tour désormais. Nous avons la charge de nous-mêmes.

1 f. **se mêler de:** sich in etwas einmischen, sich um etwas kümmern.
5 f. **avoir qn à la bonne:** jdn. mögen, etwas für jdn. übrig haben.
8 **pieux, se:** fromm.
13 **la niaiserie:** Blödsinn, dummes Zeug.
19 **capturer:** fassen, festnehmen, gefangen nehmen.
24 f. **avoir la charge de qc:** Verantwortung für etwas haben.

Une deuxième année scolaire commença.

Rudy et moi devenions de plus en plus proches. Parce que nous différions en tout – âge, taille, soucis, attitude – chacune de nos divergences, loin de nous séparer, nous faisait sentir à quel point nous nous aimions. Je l'aidais à éclaircir ses idées confuses tandis que lui me protégeait des bagarres par sa stature et surtout sa réputation de mauvais élève. «On ne peut rien en tirer, répétaient les professeurs, une tête plus dure, on n'en a jamais rencontré.» L'imperméabilité totale de Rudy aux études nous semblait admirable. De nous, les enseignants parvenaient toujours «à tirer quelque chose», ce qui révélait notre nature vile, corrompue, ouverte de façon suspecte aux compromis. De Rudy, ils n'obtenaient rien. Cancre parfait, pur, inaltérable, intègre, il leur opposait une résistance absolue. Il devenait le héros de cette autre guerre, celle des élèves contre les maîtres. Et les sanctions disciplinaires s'abattaient si souvent sur lui que sa tête hagarde

3 **différer en:** sich unterscheiden in.
4 **la divergence:** Unterschied, Gegensatz.
6 **éclaircir:** aufhellen; klären.
7 **la bagarre:** Rauferei.
10 **une imperméabilité:** Undurchlässigkeit; hier: Unempfänglichkeit.
13 **vile:** niederträchtig.
13f. **corrompu, e:** korrupt; verdorben, verderbt.
15 **le cancre:** schlechter Schüler (Lernen und Benehmen).
16 **inaltérable:** unerschütterlich, unveränderbar.
intègre: unbestechlich.
18 **la sanction:** Strafe.
19 **hagard, e:** wirr, verstört.

et décoiffée s'auréolait d'un mérite supplémentaire: la palme du martyre.

Un après-midi où il était consigné, alors que je lui passais par la fenêtre un morceau de pain volé, je lui demandai pourquoi, même puni, il demeurait doux, inébranlable et refusait d'apprendre. Il se déboutonna:

– Nous sommes sept dans ma famille: deux parents, cinq enfants. Tous des intellectuels sauf moi. Mon père avocat, ma mère pianiste de concert renommée jouant avec les meilleurs orchestres, mes frères et sœurs déjà diplômés à vingt ans. Rien que des cerveaux … Tous arrêtés! Emmenés dans un camion! Ils ne croyaient pas que ça pouvait leur arriver, c'est pourquoi ils ne s'étaient pas cachés. Des gens si intelligents, si respectables. Moi, ce qui m'a sauvé, c'est que je ne me trouvais ni à l'école ni chez nous! Je traînais dans les rues. Rescapé parce que j'étais en balade … Alors les études …

– Tu penses que j'ai tort d'apprendre mes leçons?

– Non, pas toi, Joseph. Toi, tu en as les moyens et puis tu as encore la vie devant toi …

– Rudy, tu n'as pas seize ans …

– Oui, c'est déjà trop tard …

1 **décoiffé, e:** ungekämmt, zerzaust.
s'auréoler: erstrahlen.
2 **la palme du martyre:** Märtyrerkrone (*la palme:* [Sieges-]Palme).
6 **inébranlable:** unerschütterlich, ungerührt.
se déboutonner (fam.): mit der Wahrheit rausrücken (*déboutonner:* aufknöpfen).
16f. **traîner:** hier: trödeln, herumbummeln.
17 **le rescapé / la rescapée:** Überlebende(r).
être en balade: sich rumtreiben (*la balade:* Bummel, Spaziergang).
19 **il a tort de** (+ inf.): es ist falsch, nicht richtig von ihm, dass er …

Il avait beau n'en pas dire davantage, je comprenais que lui aussi éprouvait de la fureur envers les siens. Même s'ils avaient disparu, même s'ils ne nous répondaient pas, nos parents jouaient sans cesse un rôle dans notre existence à la Villa Jaune. Moi, je leur en voulais! Je leur en voulais d'être juif, de m'avoir fait juif, de nous avoir exposés au danger. Deux inconscients! Mon père? Un incapable. Ma mère? Une victime. Victime d'avoir épousé mon père, victime de n'avoir pas mesuré sa profonde faiblesse, victime de n'être qu'une femme tendre et dévouée. Si je méprisais ma mère, je lui pardonnais néanmoins, car je ne pouvais m'empêcher de l'aimer. En revanche, une solide haine m'habitait à l'encontre de mon père. Il m'avait forcé à devenir son fils sans se révéler capable de m'assurer un sort décent. Pourquoi n'étais-je pas le fils du père Pons?

Un après-midi de novembre 1943, grimpés sur la branche d'un vieux chêne, dominant la campagne qui étalait ses champs sous nos yeux, nous tentions, Rudy et moi, de repérer dans l'écorce les nids où hibernaient les écureuils. Nos pieds effleuraient le haut mur qui entourait le parc; si nous l'avions voulu, nous aurions pu nous échapper, sauter sur le sentier

2 **la fureur:** Zorn, Wut (dazu: *furieux, se*).
11 **dévoué, e:** ergeben, hingebungsvoll.
13f. **m'habitait:** steckte in mir (*habiter:* [be]wohnen).
14 **à l'encontre** (f.) **de:** gegenüber, in Bezug auf.
16 **décent, e:** anständig.
18 **dominer:** hier: überragen.
20 **une écorce:** Rinde, Borke; hier: Stamm.
le nid: Nest, Höhle.
21 **hiberner:** überwintern.
un écureuil: Eichhörnchen.
23 **le sentier:** Weg.

bordant l'enceinte, et nous enfuir. Mais pour aller où? Rien ne valait la sécurité de la Villa Jaune. Nous limitions nos aventures à son enclos. Alors que Rudy se hissait plus haut, je stationnai assis sur la première fourche et, de là, je crus apercevoir mon père.

Un tracteur descendait la route. Il allait passer près de nous. Un homme le conduisait. Quoique dépourvu de barbe et habillé en paysan, il ressemblait suffisamment à mon père pour que je le reconnaisse. D'ailleurs, je le reconnus.

Je demeurais paralysé. Je ne voulais pas de cette rencontre. «Pourvu qu'il ne me voie pas!» Je retins ma respiration. Le tracteur crachota sous notre arbre et poursuivit son cheminement vers la vallée. «Ouf, il ne m'a pas vu!» Cependant il n'était qu'à dix mètres et je pouvais encore l'appeler, le rattraper.

La bouche sèche, retenant ma respiration, j'attendis que le véhicule devînt minuscule et inaudible au loin. Quand je fus certain qu'il avait disparu, je revins à la vie: j'expirai, je clignai des yeux, je m'ébrouai. Rudy flaira mon trouble.

1 **border:** säumen, sich entlangziehen.
3 **un enclos:** abgeschlossener Bereich.
4 **se hisser:** sich emporziehen (*hisser:* [Fahne] hissen).
5 **la fourche:** Astgabel.
11 **paralysé, e:** (wie) gelähmt, erstarrt.
12 **pourvu que** (+ subj.): wenn nur; Hauptsache, dass …
13 **crachoter:** rattern.
14 **le cheminement:** Weg(führung), Fortschreiten.
16 **rattraper:** einholen.
18 **inaudible:** unhörbar.
20 **cligner des yeux:** blinzeln.
s'ébrouer: sich schütteln.
21 **flairer:** wittern, spüren.

– Que t'arrive-t-il?

– J'ai cru voir quelqu'un que je connaissais sur le tracteur.

– Qui?

– Mon père.

– Mon pauvre Joseph, c'est impossible!

Je secouai la tête pour essorer mon crâne de ces pensées idiotes.

– Évidemment que c'est impossible ...

Désirant que Rudy me prenne en pitié, je me composai la mine d'un enfant déçu. En réalité, j'étais ravi d'avoir évité mon père. D'ailleurs, était-ce lui? Rudy devait avoir raison. Nous vivrions à quelques kilomètres les uns des autres sans le savoir? Invraisemblable! Le soir même, j'étais convaincu d'avoir rêvé. Et je fis disparaître cet épisode de ma mémoire.

Plusieurs années après, je découvris que c'était bien mon père qui m'avait frôlé ce jour-là. Mon père que je refusais, mon père que je souhaitais loin, absent ou mort ... Cette méprise volontaire, réaction monstrueuse, j'ai beau la justifier par ma fragilité et ma panique de l'époque, elle demeure l'acte dont je garderai la honte – intacte, chaude, brûlante – jusqu'à mon dernier souffle.

7 **essorer:** auswringen; hier: befreien.
10 **prendre qn en pitié:** jdn. bemitleiden, Mitleid mit jdm. bekommen.
11 **ravi, e:** (hoch)erfreut, begeistert.
20 **la méprise:** Versehen.
20f. **monstrueux, se:** ungeheuer, monströs; abartig, abscheulich.
21 **la fragilité:** Schwäche.
22 **une époque:** hier: Zeit(punkt).

Lorsque nous nous rejoignions dans sa synagogue secrète, le père Pons me donnait des échos de la guerre.

– Depuis que les troupes allemandes s'enlisent en Russie et que les Américains sont entrés dans le combat, je pense qu'Hitler va perdre. Mais à quel prix? Ici, les nazis sont de plus en plus nerveux, ils traquent les résistants avec une rage inhabituelle, l'énergie du désespoir. J'ai très peur pour nous, Joseph, très peur.

Il sentait dans l'air une menace, comme le chien sent le loup.

– Allons, mon père, tout va bien se passer. Continuons à travailler.

Avec le père Pons autant qu'avec Rudy, j'avais tendance à me montrer protecteur. Je les aimais tellement que, pour empêcher leur inquiétude, j'affichais un optimisme inébranlable et rassurant.

– Rendez-moi plus claire la différence entre juif et chrétien, mon père.

– Les juifs et les chrétiens croient au même Dieu, celui qui a dicté à Moïse les Tables de la Loi. Mais les juifs ne reconnaissent pas en Jésus le Messie annoncé, l'envoyé de Dieu qu'ils espéraient; ils n'y voient qu'un sage juif de plus. Tu deviens chrétien lorsque tu

2 **donner les échos** (m.) **de qc:** das Neueste über etwas berichten.
4 **s'enliser:** stecken bleiben, festsitzen.
8 **traquer:** verfolgen.
inhabituel, le: ungewöhnlich.
17 **afficher:** hier: zeigen, zur Schau stellen.
22 **Moïse:** Moses.
les Tables de la Loi: die Gesetzestafeln (Bibel).
25 **sage:** weise.

estimes que Jésus est bien le Fils de Dieu, qu'en lui Dieu s'est incarné, est mort et est ressuscité.

– Donc, pour les chrétiens, ça s'est déjà passé; pour les juifs, c'est à venir.

– Voilà, Joseph. Les chrétiens sont ceux qui se souviennent et les juifs ceux qui espèrent encore.

– Alors, un chrétien, c'est un juif qui a cessé d'attendre?

– Oui. Et un juif, c'est un chrétien d'avant Jésus.

Cela m'amusait beaucoup de me penser en «chrétien d'avant Jésus». Entre le catéchisme catholique et l'initiation clandestine à la Torah, l'histoire sainte captivait davantage mon imagination que les contes enfantins empruntés à la bibliothèque: elle s'avérait plus charnelle, plus intime, plus concrète. Après tout, il s'agissait de mes ancêtres, Moïse, Abraham, David, Jean-Baptiste ou Jésus! En mes veines coulait sans doute le sang de l'un d'eux. Et puis leurs vies n'étaient pas fades, pas plus que la mienne: ils s'étaient battus, ils avaient crié, pleuré, chanté, ils avaient risqué de se perdre à chaque instant. Ce que je n'osais pas confier au père Pons, c'est que je l'avais incorporé à cette histoire. Je n'arrivais pas à

1 **estimer:** schätzen; hier: annehmen, glauben.
2 **s'incarner:** Fleisch werden.
ressusciter: auferstehen.
12 **une initiation:** Einweihung, Einführung.
13 **captiver:** fesseln, faszinieren.
14 **s'avérer:** sich erweisen (als).
15 **charnel, le:** fleischlich, körperlich; hier: fassbar.
16 **un ancêtre:** Vorfahr.
17 **la veine:** Ader.
23 **incorporer:** hier: eingliedern.

concevoir Ponce Pilate, le préfet romain qui se lavait les mains, sous d'autres traits que les siens: il me paraissait normal que le père Pons fût là, dans les Évangiles, tout près de Jésus, entre les juifs et les futurs chrétiens, intermédiaire déconcerté, homme honnête qui ne sait pas choisir.

Je sentais le père Pons troublé par les études auxquelles il s'astreignait pour moi. Comme nombre de catholiques, il connaissait auparavant fort mal l'Ancien Testament et il s'émerveillait de le découvrir, ainsi que certains commentaires rabbiniques.

– Joseph, il y a des jours où je me demande si je ne ferais pas mieux d'être juif, me disait-il, les yeux brillants d'excitation.

– Non, mon père, restez chrétien, vous ne vous rendez pas compte de votre chance.

– La religion juive insiste sur le respect, la chrétienne sur l'amour. Or je m'interroge: le respect n'est-il pas plus fondamental que l'amour? Et plus réalisable aussi ... Aimer mon ennemi, comme le propose Jésus, et tendre l'autre joue, je trouve ça admirable mais impraticable. Surtout en ce moment. Tu tendrais ton autre joue à Hitler, toi?

– Jamais!

1 **concevoir:** hier: sich vorstellen.
Ponce Pilate: Pontius Pilatus.
le préfet: Statthalter (modern: Präfekt).
4 **un Évangile:** Evangelium.
5 **un intermédiaire:** Vermittler.
8 **s'astreindre à qc:** sich zu etwas zwingen.
nombre de: viele.
10 **s'émerveiller:** begeistert sein, in Entzücken geraten.
18 **or:** nun (aber).
22 **impraticable:** undurchführbar.

– Moi non plus! Il est vrai que je ne suis pas digne du Christ. Ma vie entière ne me suffira pas pour l'imiter … Cependant l'amour peut-il être un devoir? Peut-on commander à son cœur? Je ne le crois pas. Selon les grands rabbins, le respect est supérieur à l'amour. Il est une obligation continue. Ça me semble possible. Je peux respecter ceux que je n'aime pas ou ceux qui m'indiffèrent. Mais les aimer? D'ailleurs, ai-je autant besoin de les aimer si je les respecte? C'est difficile, l'amour, on ne peut ni le provoquer, ni le contrôler, ni le contraindre à durer. Alors que le respect …

Il grattait son crâne lisse.

– Je me demande si nous, les chrétiens, ne sommes pas seulement des juifs sentimentaux …

Ainsi allait mon existence, rythmée par les études, les réflexions sublimes sur la Bible, la crainte des nazis, les cavalcades des résistants toujours plus nombreux et plus audacieux, les jeux avec mes camarades et mes promenades avec Rudy. Si les bombardements n'épargnaient pas Chemlay, les aviateurs anglais évitaient la Villa Jaune, sans doute parce qu'elle était loin de la gare, surtout parce que le père Pons avait pris la précaution de hisser un drapeau de la Croix-Rouge sur le paratonnerre. Paradoxalement, j'aimais bien ces alertes: je ne descendais jamais aux abris

6 **continu, e:** andauernd.
8 **indifférer:** gleichgültig lassen.
16 **rythmer:** hier: (rhythmisch) untergliedern.
17 **sublime:** erhaben.
18 **la cavalcade:** Menge, Horde.
21 **un aviateur:** Pilot.
25 **la paratonnerre:** Blitzableiter.

avec mes camarades mais, en compagnie de Rudy, j'assistais au spectacle depuis le toit. Les bolides de la Royal Air Force volaient si bas que nous pouvions voir les pilotes et leur envoyer des signes d'amitié.

En temps de guerre, le pire des dangers est l'habitude. Particulièrement l'accoutumance du danger.

Parce qu'à Chemlay des dizaines d'individus bravaient l'occupant nazi dans la clandestinité et qu'à la longue ils finissaient par le sous-estimer, l'annonce du débarquement en Normandie nous coûta cher.

Lorsque l'on apprit que les troupes américaines, nombreuses et bien armées, venaient de poser pied sur le continent, la nouvelle nous enivra. Même si nous devions nous taire, le sourire déchirait nos visages. Le père Pons, lui, marchait au-dessus du sol, tel Jésus sur les flots, la joie irradiant de son front.

Ce dimanche-là, nous frétillions de nous rendre à la messe, impatients de partager cette presque victoire, au moins par le regard, avec les habitants du village. Tous les élèves se groupèrent en rang dans la cour quinze minutes avant l'heure.

En chemin, les paysans endimanchés nous adres-

2 **depuis:** von … aus.
le bolide: Rennwagen; hier: Maschine.
6 **une accoutumance:** Gewöhnung.
7 f. **braver qn:** jdm. tapfer gegenübertreten, jdm. die Stirn bieten.
8 f. **à la longue:** auf Dauer.
10 **le débarquement:** An-Land-Gehen, Landung (gemeint ist die Landung der Alliierten in der Normandie am 6. Juni 1944).
13 **enivrer:** berauschen.
14 **déchirer:** hier: in die Breite ziehen.
16 **les flots** m.: Flut(en), Wogen, Wasser.
17 **frétiller:** zappeln (vor Freude oder Ungeduld).
22 **endimanché, e:** sonntäglich gekleidet, im Sonntagsstaat.

saient des clins d'œil. Une dame me tendit un chocolat. Une autre me posa une orange entre les doigts. Une autre me glissa dans la poche une part de gâteau.

– Pourquoi toujours Joseph? grogna un camarade.

– Normal, c'est le plus beau! cria Rudy de loin.

Cela tombait bien: j'avais le ventre perpétuellement vide, d'autant que je faisais une poussée de croissance.

Je guettais le moment où nous longerions la pharmacie car je ne doutais pas que Mademoiselle Marcelle qui, avec le père Pons, avait sauvé et protégé tant d'enfants, afficherait une mine radieuse. Peut-être, de joie, me lancerait-elle quelques berlingots? Or le rideau de fer bouchait la vitrine.

Notre groupe arriva en avance sur la place du village et là, tout le monde s'arrêta net, enfants et villageois, devant l'église.

Des battants grands ouverts sortait une musique martiale, projetée par les orgues qui soufflaient à plein régime. Je reconnus le refrain avec stupéfaction: *La Brabançonne!*

La foule demeurait médusée. Jouer *La Brabançonne*, notre hymne national, au nez des nazis, c'était

4 **grogner:** brummen, knurren.
7f. **la poussée de croissance** (f.): Wachstumsschub.
9 **guetter qc:** auf etwas lauern.
longer qc: an etwas vorbeigehen, vorbeimarschieren.
12 **radieux, se:** strahlend.
13 **le berlingot:** alte Bonbon-Sorte (tetraederförmig mit Streifen).
14 **boucher:** verstopfen, verschließen (dazu: *le bouchon:* Korken).
16 **s'arrêter net:** mit einem Ruck stehen bleiben.
19 **martial, e:** kriegerisch, kämpferisch.
19f. **à plein régime** (m.): mit allen Registern, auf Hochtouren.
20 **la stupéfaction:** Verblüffung.

l'outrage suprême. Cela revenait à leur dire: «Partez, fuyez, vous avez perdu, vous n'êtes plus rien!»

Qui pouvait oser cette insolence?

Les premiers qui l'aperçurent murmurèrent vite aux autres: Sacrebleu! Mademoiselle Marcelle, les mains sur les claviers, les pieds sur les pédales, était, pour la première fois de sa vie, entrée dans une église afin de signifier aux nazis qu'ils allaient perdre la guerre.

Euphoriques, enthousiasmés, nous stationnions autour de l'église, comme si nous assistions à quelque brillant et périlleux numéro de cirque. Sacrebleu jouait fichtrement bien, beaucoup mieux que l'anémique organiste qui assurait l'office. Sous ses doigts, l'instrument sonnait telle une fanfare barbare, rouge et or, aux cuivres éclatants et aux tambours virils. Les sons déferlaient jusqu'à nous avec puissance, faisant vibrer le sol et frémir les vitres des magasins.

Soudain, un crissement de pneus. Une voiture noire

1 **un outrage:** Beleidigung.
suprême: höchste(r, s), äußerste(r, s).
revenir à: hinauslaufen auf.
3 **une insolence:** Unverschämtheit.
6 **le clavier:** Tastatur, (pl.) Tasten.
12 **périlleux, se:** gefährlich (*le péril:* große Gefahr).
13 **fichtrement** (vx., fam.): verflixt.
13f. **anémique:** blutleer.
14 **assurer:** gewährleisten, wahrnehmen.
15 **la fanfare:** Blaskapelle.
16 **les cuivres** (m.): Blechblasinstrumente.
éclatant, e: hier: schmetternd.
viril: männlich, kraftvoll.
17 **déferler:** branden, wogen.
19 **le crissement:** Quietschen, Kreischen.

freina devant l'église et quatre lascars en bondirent.

Les policiers de la Gestapo saisirent Mademoiselle Marcelle qui cessa de jouer mais entreprit de les insulter:

– Vous êtes cuits! Finis! Vous pouvez vous en prendre à moi, ça ne changera rien! Minables! Lopettes! Impuissants!

Les nazis la jetèrent sans ménagement dans la traction qui démarra.

Le père Pons, plus livide que jamais, se signa. Moi j'avais les poings crispés, j'aurais voulu courir après la voiture, la rattraper, tabasser ces salauds. Je lui attrapai la main, qu'il avait glacée.

– Elle ne dira jamais rien, mon père. Je suis sûr qu'elle ne dira rien.

– Je sais, Joseph, je sais. Sacrebleu est la plus courageuse de nous tous. Mais que vont-ils lui faire?

Nous n'eûmes pas le temps d'attendre la réponse. Le soir même, à onze heures, la Villa Jaune fut envahie par la Gestapo.

Mademoiselle Marcelle, quoique torturée, n'avait

1 **le lascar** (vx.): Kerl, Bursche.
3 **entreprendre:** hier: anfangen, sich daran machen.
5 **cuit, e** (fam.): am Ende, erledigt.
6 **le/la minable** (fam.): Nichtskönner, ‚Flasche'.
la lopette (fam.): Tunte, Schlaffi.
7 **un impuissant** (fam.): Schlappschwanz.
10 **livide:** kreidebleich.
se signer: sich bekreuzigen.
12 **tabasser** (fam.): verprügeln, verdreschen.
19 **envahir qc:** in etwas einfallen, eindringen.
21 **torturer:** foltern.

pas lâché un mot. Cependant les nazis, en fouillant son domicile, avaient déniché les négatifs des photos qui ornaient nos faux papiers.

Nous étions démasqués. Pas même besoin de baisser nos pantalons. Les nazis n'avaient qu'à ouvrir nos passeports pour identifier les imposteurs.

En vingt minutes, tous les enfants juifs de la Villa Jaune furent rassemblés dans le même dortoir.

Les nazis exultaient. Nous, la terreur nous accablait. J'éprouvais une telle angoisse que je devins incapable de penser. Sans même m'en rendre compte, j'obéissais docilement.

– Contre le mur, les mains levées. Et vite!

Rudy se glissa auprès de moi mais cela ne me rassura pas: il avait les yeux exorbités par la frousse.

Le père Pons se jeta dans la bataille.

– Messieurs, je suis scandalisé: j'ignorais leur identité! Je ne me suis pas douté que ces enfants pouvaient être des juifs. On me les avait amenés comme des Aryens, de vrais Aryens. J'ai été trompé, on s'est moqué de moi, on a abusé de ma crédulité.

Même si je ne compris pas tout de suite l'attitude

2 **dénicher:** aufstöbern, finden.
3 **orner:** schmücken, (ver)zieren.
6 **un imposteur:** Hochstapler, Betrüger.
9 **exulter:** jubeln, frohlocken.
9f. **accabler:** bedrücken, fertigmachen.
15 **exorbité, e:** weit aufgerissen.
la frousse (fam.): Angst, Schiss.
17 **être scandalisé, e:** außer sich sein.
20 **un Aryen:** Arier.
21 **abuser de qc:** etwas missbrauchen.
la crédulité: Gutgläubigkeit.

du père, je ne songeai pas qu'il tentait de s'innocenter pour éviter l'arrestation.

Le chef de la Gestapo lui demanda brutalement:

– Qui vous a amené ces enfants?

Le père Pons hésita. Dix lentes secondes s'écoulèrent.

– Je ne vais pas vous mentir: tous ceux qui se trouvent ici m'ont été amenés par Mademoiselle Marcelle, la pharmacienne.

– Cela ne vous surprenait pas?

– Elle m'a constamment confié des orphelins. Depuis quinze ans. Bien avant la guerre. C'est une bonne personne. Elle était liée à un groupe de bénévoles qui œuvrent pour l'enfance malheureuse.

– Et qui payait leur pension?

Le père devint livide.

– Des enveloppes arrivaient pour chacun des enfants, chaque mois, à leur nom. Vous pouvez vérifier à la comptabilité.

– D'où viennent ces enveloppes?

– De mécènes ... De qui voulez-vous? C'est consigné dans nos registres. Vous aurez les références.

Les nazis le croyaient. Leur chef salivait rien qu'à

1 **s'innocenter:** sich entlasten, sich reinwaschen.
5 f. **s'écouler:** verfließen, langsam verstreichen.
13 f. **le bénévole:** ehrenamtlicher Helfer, Wohltäter.
14 **l'enfance** (f.) **malheureuse:** hier: notleidende Kinder.
19 **la comptabilité:** Buchhaltung.
21 **le mécène:** Wohltäter, Mäzen.
de qui voulez-vous: von wem denn sonst?
21 f. **consigner:** schriftlich niederlegen, festhalten.
22 **la référence:** Angabe, Nachweis.
23 **saliver:** geifern, lechzen.
23 f. **rien qu'à l'idée:** schon bei dem Gedanken.

l'idée de mettre la main sur ces listes. Du coup, le père attaqua sans mollir.

– Où les emmenez-vous?

– À Malines.

– Et après?

– Ça ne vous regarde pas.

– Ce sera un long voyage?

– Sûrement.

– Alors laissez-moi trier leurs affaires, remplir leurs valises, les habiller, leur donner de quoi manger pendant le trajet. Mes fils, on ne peut pas traiter des enfants de cette façon. Si vous m'aviez donné vos enfants en charge, accepteriez-vous que je les laisse partir ainsi?

Le chef aux mains grasses hésitait. Le père se précipita dans cette brèche:

– Je sais que vous ne leur voulez pas de mal. Allons, je vais mettre tout en ordre et vous viendrez les chercher à l'aube.

Piégé par ce chantage affectif, gêné par la naïveté de l'abbé, le chef de la Gestapo avait envie de lui prouver qu'il n'était pas un mauvais bougre.

– À sept heures pétantes, demain matin, ils seront propres, vêtus, nourris, en rang dans la cour avec leur

2 **mollir:** weich werden, nachgeben.
9 **trier:** sortieren, aussuchen.
11 **le trajet:** Weg, Fahrt.
16 **la brèche:** Bresche (Öffnung in einer Abwehrmauer).
20 **piégé, e:** gefangen, in die Falle geraten (*le piège:* Falle).
affectif, ve: auf das Gefühl bezogen, Gefühls…
22 **le bougre** (fam.): Kerl.
23 **à sept heures pétantes** (fam.): Punkt sieben.

paquetage, insista doucement le père Pons. Ne me vexez pas. Je m'occupe d'eux depuis des années: quand on me livre un enfant, on peut avoir confiance.

Le chef de la Gestapo jeta un coup d'œil sur la trentaine d'enfants juifs en chemise, se rappela qu'il n'aurait pas de camion avant le lendemain, songea qu'il avait sommeil, haussa les épaules et grogna:

– D'accord, mon père, je vous fais confiance.

– Vous pouvez, mon fils. Allez en paix.

Les hommes en noir de la Gestapo quittèrent le pensionnat.

Une fois que le père se fut assuré qu'ils étaient loin, il se tourna vers nous.

– Les enfants, pas de cris, pas de panique: vous allez chercher vos affaires en silence et vous vous habillez. Vous fuirez ensuite.

Un long soupir de soulagement nous parcourut. Le père Pons appela les surveillants des autres dortoirs, cinq jeunes séminaristes, et les enferma dans la même salle que nous.

– Mes fils, j'ai besoin de vous.

– Comptez sur nous, mon père.

– Je veux que vous mentiez.

– Mais …

– Vous devez mentir. Au nom du Christ. Demain, vous direz à la Gestapo que des résistants masqués ont envahi la Villa peu après leur départ. Vous affirmerez que vous vous êtes battus. D'ailleurs, on vous

1 **le paquetage:** Gepäck, Sack und Pack.
17 **parcourir:** durchlaufen.
19 **le séminariste:** Seminarist (Lehrer- oder Priester-Student, der im Seminar wohnt).

découvrira ligotés à ces lits pour prouver votre innocence. Acceptez-vous que je vous attache?

– Vous pouvez même nous donner quelques coups, mon père.

– Merci, mes fils. Les coups, je ne suis pas contre à condition que vous vous les donniez vous-mêmes.

– Et vous, qu'allez-vous devenir?

– Je ne peux rester avec vous. Demain, la Gestapo ne me croira plus. Il leur faudra un coupable. Je vais donc m'échapper avec les enfants. Naturellement, vous révélerez que c'est moi qui ai prévenu les résistants, mes complices.

Dans les minutes qui suivirent, eut lieu le spectacle le plus incroyable qu'il me fut donné de voir: les jeunes séminaristes se mirent à se frapper avec application, sérieux, précision, qui sur le nez, qui sur les lèvres, qui sur les yeux, chacun en redemandant à son camarade s'il ne s'estimait pas assez amoché. Puis le père Pons les lia solidement aux pieds des lits et leur enfourna un chiffon dans la bouche.

– Pouvez-vous respirer?

Les séminaristes hochèrent la tête. Certains avaient le visage tuméfié, d'autres le nez en sang, tous les larmes aux yeux.

– Merci, mes fils, dit le père Pons. Et pour tenir jusqu'au matin, pensez à Notre-Seigneur Jésus-Christ.

1 **ligoter:** fesseln.
2 **attacher:** festbinden.
16 **le sérieux:** Ernsthaftigkeit.
qui ..., qui ...: einer ..., ein anderer ...
18 **amoché, e** (fam.): übel zugerichtet.
20 **le chiffon:** Stofffetzen, Lumpen.
23 **tuméfié, e:** (an)geschwollen, verschwollen.

Sur ce, il vérifia que nous emportions un bagage léger et, dans le plus grand silence, nous fit descendre l'escalier puis franchir la porte de derrière.

– Où allons-nous? murmura Rudy.

Quoique je fusse sans doute le seul à avoir une idée là-dessus, je la tus.

Nous avons traversé le parc jusqu'à la clairière. Là, le père nous arrêta.

– Mes enfants, tant pis si je vous semble fou: nous n'irons pas plus loin!

Il nous exposa son plan et nous passâmes la fin de la nuit à le réaliser.

La moitié d'entre nous alla se reposer dans la crypte de la chapelle. L'autre moitié – à laquelle j'appartenais – consacra les heures suivantes à effacer les vrais indices et à en créer des faux. La terre, imprégnée de pluie récente, enfonçait sous les pieds avec un bruit d'eau: rien n'était plus facile que d'y laisser de belles traces.

Notre groupe traversa donc la clairière et sortit du parc par la porte exiguë. Ensuite, en tapant l'humus meuble avec nos talons, en brisant des branches, en perdant même intentionnellement quelques objets, nous descendîmes à travers champs jusqu'à la rivière. Là, le père nous conduisit jusqu'à un embarcadère.

17 **enfoncer:** versenken, hineindrücken; hier: nachgeben, sich senken.
21 **exigu, uë:** sehr klein, winzig.
un humus: Humus, Waldboden.
22 **meuble:** locker.
23 **intentionnellement:** absichtlich.
25 f. **un embarcadère:** Anlegestelle.

– Voilà, on croira qu'un bateau nous attendait ici ... Maintenant, nous refaisons le trajet, mais en progressant à reculons, mes enfants, afin de laisser penser que nous étions le double et pour éviter toute empreinte dans l'autre sens.

Le retour fut lent, laborieux; nous glissions; l'effort s'ajoutait à la peur et à la fatigue. Dans la clairière, il nous resta encore à exécuter le plus difficile: effacer les vestiges de nos pas vers la chapelle désaffectée en fouettant le terrain moite avec des feuillages.

L'aube pointait lorsque nous avons rejoint nos camarades endormis au fond de la crypte. Le père Pons referma soigneusement les portes et la trappe sur nous, n'allumant qu'une bougie en veilleuse.

– Dormez, mes enfants. Pas de réveil obligatoire ce matin.

Non loin de l'endroit où je m'étais effondré, il se dégagea une place entre des tas de livres qu'il monta autour de lui tel un mur de briques. Lorsqu'il m'aperçut, je lui demandai:

– Je peux venir dans votre chambre, mon père?

– Viens, mon petit Joseph.

3 **à reculons:** rückwärts.
5 **une empreinte:** Spur, Abdruck.
6 **laborieux, se:** mühsam.
9 **le vestige:** Spur, Überrest.
10 **fouetter:** peitschen, heftig schlagen.
moite: feucht.
le feuillage: Blattwerk, Geäst.
11 **pointer:** hier: sprießen, sich zeigen.
13 **la trappe:** Falltür.
15 **le réveil obligatoire:** allgemeines Wecken.
18 **dégager:** freimachen.
19 **la brique:** Backstein.

Je me glissai jusqu'à lui et posai ma joue contre son épaule maigre. À peine eus-je le temps de deviner son regard attendri que je m'endormis.

Au matin, la Gestapo envahit la Villa Jaune, tomba sur les séminaristes ligotés, cria au scandale, suivit nos fausses pistes jusqu'à la rivière et nous chercha plus loin: elle n'imagina pas une seconde que nous n'avions pas fui.

Il n'était plus question, pour le père Pons, de se manifester à la surface. Il n'était pas question non plus que nous demeurions dans la synagogue secrète aménagée sous la chapelle. Si nous étions encore en vie, tout de cette vie posait maintenant problème: parler, manger, uriner, déféquer. Même le sommeil n'était pas un refuge car nous dormions à même le sol et chacun à des rythmes séparés.

– Tu vois, Joseph, me disait avec humour le père Pons, la croisière sur l'arche de Noé ne devait pas être une partie de rigolade.

Très vite, le réseau de résistants vint nous chercher un à un afin de nous cacher ailleurs. Rudy partit avec les premiers. Sans doute parce qu'il tenait trop de place. Le père Pons ne me désignait jamais aux com-

5 **crier au scandale:** sich laut aufregen, Krach schlagen.
9f. **se manifester:** sich zeigen.
14 **déféquer:** den Darm entleeren.
15 **à même le sol:** auf dem nackten Boden.
16 **à des rythmes séparés:** zu verschiedenen Zeiten, in Wechselschicht.
17 **un humour:** Humor.
18 **la croisière:** Kreuzfahrt.
19 **la partie de rigolade:** Vergnügungstour.
20 **le réseau:** Netz, Organisation.

pagnons qui nous récupéraient. Était-ce intentionnel? J'osais croire qu'il me gardait auprès de lui le plus longtemps possible.

– Peut-être les Alliés vont-ils gagner plus tôt que prévu? Peut-être serons-nous bientôt délivrés? me disait-il en clignant de l'œil.

Il profita de ces semaines pour améliorer sa connaissance de la religion juive avec moi.

– Vos vies ne sont pas que vos vies, elles sont porteuses d'un message. Je ne veux pas vous laisser exterminer, travaillons.

Un jour, alors que nous n'étions plus que cinq dans la crypte, je désignai au père mes trois camarades endormis.

– Vous voyez, mon père, je n'aimerais pas mourir avec eux.

– Pourquoi?

– Parce que, même si je les côtoie, ce ne sont pas mes amis. Qu'est-ce que je partage avec eux? Juste le fait d'être une victime.

– Pourquoi me dis-tu ça, Joseph?

– Parce que je préférerais mourir avec vous.

Je laissai ma tête rouler contre ses genoux et lui confiai les pensées qui m'agitaient.

– Je préférerais mourir avec vous parce que c'est vous que je préfère. Je préférerais mourir avec vous

1 **récupérer:** hier (fam.): abholen.
4 **les Alliés:** die Alliierten.
9f. **le porteur / la porteuse:** Träger(in), Übermittler(in).
10f. **exterminer:** auslöschen.
18 **côtoyer qn:** mit jdm. in Berührung kommen, in Verbindung stehen.
24 **agiter:** hier: bewegen, umtreiben.

parce que je ne veux pas vous pleurer et encore moins que vous me pleuriez. Je préférerais mourir avec vous parce que vous seriez alors la dernière personne que je verrais au monde. Je préférerais mourir avec vous parce que le ciel, sans vous, ça ne va pas me plaire, ça va même m'angoisser.

À cet instant-là, des cris furent frappés à la porte de la chapelle.

– Bruxelles est libérée! Nous avons gagné! Bruxelles a été libérée par les Anglais!

Le père sauta sur ses pieds et me prit dans ses bras.

– Libres! Tu entends, Joseph? Nous sommes libres! Les Allemands s'en vont!

Les autres enfants se réveillèrent.

Les résistants nous délivrèrent de la crypte et l'on se mit à courir, sauter, rire dans les rues de Chemlay. Des cris de joie montaient des maisons, les fusils tiraient vers le ciel, des drapeaux roulaient hors des fenêtres, des danses s'improvisaient, on sortait des bouteilles d'alcool dissimulées pendant cinq ans.

Jusqu'au soir je demeurai dans les bras du père. Commentant les événements avec chaque villageois, il pleurait des larmes de plaisir. Je les essuyais avec mes mains. Puisque c'était un jour de liesse, j'avais le droit d'avoir neuf ans, de me tenir comme un enfant sur les épaules de l'homme qui m'avait sauvé, j'avais le droit d'embrasser ses joues roses et salées, j'avais le droit de rire aux éclats sans raison. Jusqu'au soir, radieux,

7 **des cris furent frappés:** unter lautem Schreien wurde geklopft.
22 **le villageois:** Dorfbewohner.
24 **la liesse** (vx.): Jubel.
28 **rire aux éclats** (m.): lauthals lachen.

je ne le quittai pas. Même si je pesais lourd, il ne se plaignit jamais.

– La guerre est bientôt finie!

– Les Américains foncent sur Liège.

– Vivent les Américains!

– Vivent les Anglais!

– Vivent nous!

– Hourra!

Depuis ce 4 septembre 1944, j'ai toujours cru que Bruxelles avait été libérée parce que j'avais, soudain, sans détour, déclaré mon amour au père Pons. J'en ai été marqué à jamais. Depuis, je me suis attendu à ce que des pétards explosent et que des drapeaux sortent quand je confessais mes sentiments à une femme.

4 **foncer:** rasen, sausen; hier: vorrücken.
11 **sans détour:** ohne Umschweife (*le détour:* Umweg).
12 **marqué, e:** gezeichnet, geprägt.
s'attendre à qc: sich auf etwas gefasst machen, mit etwas rechnen.
13 **le pétard:** Knallfrosch.

Les jours qui suivirent se révélèrent, dans notre région, plus dangereux et meurtriers que la période de la guerre. Durant l'Occupation, l'ennemi était clairement visible donc visé; pendant la Libération, les coups partirent d'ici et de là, incontrôlés, incontrôlables, et le chaos régna. Après avoir rapatrié ses enfants à la Villa Jaune, le père Pons nous interdit de sortir du parc. Pourtant, Rudy et moi ne pouvions nous empêcher de nous hisser sur notre chêne dont les branches franchissaient le mur. Les trouées du feuillage donnaient sur la plaine qui s'étendait, toute nue, jusqu'aux fermes lointaines. De là, nous pouvions, sinon assister aux combats, du moins en percevoir l'écume. C'est ainsi que je vis passer dans une voiture décapotable l'officier allemand qui avait choisi de ne pas nous dénoncer sous les douches, en chemise, ensanglanté, le visage tuméfié, le crâne rasé, serré par des libérateurs armés qui l'emmenaient vers je ne sais quelle vengeance ...

2 **meurtrier, ière:** mörderisch, todbringend.
4 **viser qn:** auf jdn. zielen, jdn. anvisieren.
5 **le coup:** hier: Schuss.
6 **rapatrier:** heimführen, wieder nach Hause bringen.
10 **la trouée:** lichte Stelle.
11 **la plaine:** Ebene.
13 **sinon ..., du moins ...:** wenn auch nicht ..., so doch immerhin ...
14 **une écume:** Schaum, Gischt, hier: äußerste Auswirkungen.
15 **décapotable:** mit zurückklappbarem, offenem Verdeck.
17 **ensanglanté, e:** blutverschmiert.
19 **la vengeance:** Rache, Vergeltung.

Le ravitaillement posait toujours problème. Pour tromper notre faim, Rudy et moi recherchions dans la pelouse une herbe vert sombre, plus épaisse que les autres, dont nous remplissions nos mains avant de nous fourrer la botte sur la langue. C'était amer, infect, mais cela nous donnait l'impression d'avoir la bouche pleine.

Progressivement, l'ordre revint. Or il ne nous apportait pas de bonnes nouvelles. Mademoiselle Marcelle, la pharmacienne, avait été atrocement torturée avant d'être déportée à l'Est. Comment reviendrait-elle? Reviendrait-elle seulement? Car la confirmation de ce qu'on soupçonnait pendant la guerre nous arrivait: les nazis avaient assassiné leurs prisonniers dans les camps de concentration. Des millions d'êtres humains avaient été massacrés, abattus par balles, asphyxiés au gaz, brûlés ou enterrés vifs.

Je me remis à pisser au lit. L'effroi devenait rétrospectif: j'étais épouvanté par le sort auquel j'avais échappé. Ma honte aussi devenait rétrospective: je songeais à mon père entrevu que je n'avais pas cru bon d'interpeller. Mais était-ce vraiment lui? Était-il

3 **la pelouse:** Rasen.
5 **la botte:** Bündel, Büschel.
5f. **infect, e:** widerlich.
10 **atrocement:** entsetzlich, fürchterlich.
12 **seulement:** hier: überhaupt.
14 **assassiner:** ermorden.
16 **abattre:** fällen; hier: niederstrecken, töten.
16f. **asphyxier:** ersticken, umbringen.
18f. **rétrospectif, ve:** rückblickend, nachträglich.
21f. **croire bon de** (+ inf.): es für gut, richtig halten.
22 **interpeller:** ansprechen.

encore vivant? Et ma mère? Je me remis à les aimer d'un amour décuplé par le remords.

Les nuits sans nuages, je m'évadais du dortoir et j'allais contempler le ciel. Lorsque je fixais «l'étoile de Joseph et de maman», les astres se mettaient de nouveau à chanter en yiddish. Très vite ma vue se brouillait, je suffoquais, les bras en croix, cloué contre la pelouse, finissant par me nourrir de ma morve et de mes larmes.

Le père Pons n'avait plus le temps de me donner mes leçons d'hébreu. Pendant des mois, du matin au soir il courait, pistant les traces de nos parents, confrontant les registres cryptés élaborés par les réseaux de résistance, ramenant de Bruxelles les listes des morts en déportation.

Pour certains d'entre nous, l'annonce tomba vite: ils étaient les seuls survivants de leur famille. En dehors des cours, nous les consolions, nous nous occupions d'eux, cependant nous pensions au fond de nous-mêmes: ne serai-je pas le prochain? Est-ce une bonne nouvelle qui tarde? Ou une très mauvaise?

Rudy, dès que les faits se substituèrent aux espoirs, prit le parti de penser qu'il avait perdu tous les siens.

2 **décupler:** verzehnfachen.
le remords: Reue, Gewissensbiss.
6f. **se brouiller:** sich verschleiern, trübe werden.
7 **suffoquer:** keine Luft mehr bekommen, nach Atem ringen.
cloué, e: wie festgenagelt (*le clou:* Nagel).
8 **la morve:** Rotz.
13 **confronter:** gegeneinander halten, miteinander vergleichen.
crypter: verschlüsseln.
élaborer: ausarbeiten, erstellen.
22 **se substituer à qc:** an die Stelle von etwas treten.
23 **prendre le parti de** (+ inf.): etwas wählen, sich für etwas entscheiden.

«*Schlemazel* comme je suis, ça ne peut pas être autrement.» Effectivement, le père Pons revint, de semaine en semaine, avec la sinistre confirmation que son frère aîné, puis ses autres frères, puis ses sœurs, puis son père avaient été gazés à Auschwitz. À chaque fois, une colossale douleur muette abattait mon ami: nous passions plusieurs heures allongés sur l'herbe, face au ciel plein de soleil et d'hirondelles, en nous tenant la main. Je crois qu'il pleurait mais je n'osais me tourner vers lui de peur de l'humilier.

Un soir, le père Pons revint de Bruxelles le visage écarlate d'avoir pédalé vite et fonça vers Rudy.

– Rudy, ta mère est vivante. Elle arrivera à Bruxelles vendredi, par le convoi des survivants.

Cette nuit-là, Rudy sanglota de tant de soulagement que je crus qu'il allait mourir, étouffé par les larmes, avant d'avoir revu sa mère.

Le vendredi, Rudy se leva avant l'aube pour se laver, s'habiller, cirer ses chaussures, adopter un style bourgeois que nous ne lui avions jamais vu, au point que je ne le reconnus sous ses cheveux gominés et crantés qu'à ses oreilles de faune. Surexcité, il ne ces-

3 **sinistre:** düster.
4 **aîné, e:** ältere(r, s).
5 **gazer:** mit (Gift-)Gas umbringen.
8 **une hirondelle:** Schwalbe.
12 **écarlate:** scharlachrot.
14 **le convoi:** Transport.
19 **cirer:** wachsen, eincremen, (Schuhe) putzen.
21 **gominé, e:** mit Pomade (heute etwa: Haargel) behandelt.
22 **cranté, e:** gewellt.
le faune: Faun (mythologische Gestalt mit großen, spitzen Ohren).

sait de jacasser, sautant d'une idée à l'autre, suspendant ses phrases afin d'en changer.

S'étant fait prêter une voiture, le père Pons décida que je participerais au voyage et, pour la première fois depuis trois ans, je quittai la Villa Jaune. À cause de la joie de Rudy, j'avais mis en veilleuse mes inquiétudes sur le destin de ma propre famille.

À Bruxelles, une pluie fine, une poussière d'eau voltigeait entre les façades grises, voilant nos vitres d'une brume transparente, faisant luire les trottoirs. Arrivé au grand hôtel cossu où l'on débarquait les survivants, Rudy se précipita vers le concierge en uniforme rouge et or.

– Où est le piano? Il faudra que j'y amène ma mère. C'est une pianiste hors pair. Une virtuose. Elle donne des concerts.

Une fois repéré le long instrument laqué au bar, on nous apprit que les rescapés étaient déjà arrivés et qu'après les avoir épouillés et passés à l'étuve on les nourrissait au restaurant.

Rudy courut jusqu'à la salle, escorté par le père Pons et moi.

1 **jacasser:** (fam.): drauflosplappern, -brabbeln.
1 f. **suspendre:** hier: unterbrechen.
6 **mettre en veilleuse:** zurückstellen, auf Eis legen.
8 f. **voltiger:** herumwirbeln, wehen.
9 **voiler:** verhüllen, bedecken.
10 **la brume:** Dunst.
luire: leuchten, glänzen.
11 **cossu, e:** stattlich.
15 **hors pair:** einzigartig.
19 **épouiller:** entlausen.
une étuve: Schwitzbad; hier: Desinfektionsbad.

Des hommes et des femmes rachitiques, la peau terne insupportablement collée à l'os, avec les mêmes cernes sous les mêmes yeux vides, exténués au point d'avoir de la difficulté à tenir leurs couverts, étaient courbés sur un potage. Ils n'accordèrent aucune attention à notre arrivée tant ils étaient avides de se nourrir, anxieux qu'on les en empêchât.

Rudy parcourut la salle des yeux.

– Elle n'est pas là. Y a-t-il un autre restaurant, mon père?

– Je vais demander, répondit celui-ci.

Une voix jaillit d'une banquette.

– Rudy!

Une femme se leva et faillit choir en nous faisant signe de la main.

– Rudy!

– Maman!

Rudy se précipita vers celle qui l'implorait et la serra dans ses bras.

Je ne reconnaissais pas en elle la mère que m'avait décrite Rudy, une grande femme souveraine, disait-il, à la poitrine majestueuse, aux prunelles bleu acier, aux cheveux noirs interminables, riches et drus, qui

1 **rachitique:** rachitisch (an Rachitis erkrankt), völlig geschwächt.
3 **les cernes** (m.): Ringe unter den Augen.
exténué, e: entkräftet.
5 **le potage:** Suppe.
6 **être avide de qc:** nach etwas gieren (*avide:* gierig).
7 **anxieux, se:** ängstlich, angsterfüllt.
14 **choir:** umsinken, fallen.
18 **implorer qn:** jdn. anflehen; hier: flehentlich nach jdm. rufen.
21 **souverain, e:** herrlich, ehrfurchtgebietend.
22 **bleu acier** (inv.): stahlblau (*un acier:* Stahl).

provoquaient l'admiration du public. Au lieu de cela, il embrassait une petite vieille presque chauve, au regard fixe, craintif, d'un gris délavé, dont le corps osseux, large et plat, se dessinait sous une robe de laine. Cependant ils se murmurèrent des phrases en yiddish à l'oreille, pleurèrent dans le cou l'un de l'autre, et je conclus que Rudy, s'il ne s'était pas trompé de personne, avait sans doute embelli ses souvenirs.

Il voulut l'emmener.

– Viens, maman, il y a un piano dans cet hôtel.

– Non, Rudy, je veux d'abord finir mon assiette.

– Allons, maman, viens.

– Je n'ai pas fini les carottes, dit-elle en frappant du pied, telle une enfant butée.

Rudy marqua sa surprise: il n'avait plus devant lui sa mère autoritaire mais une fillette qui ne voulait pas lâcher sa gamelle. D'un geste, le père Pons lui suggéra de ne pas la contrarier.

Elle acheva sa soupe lentement, consciencieusement, trempa le bouillon avec un morceau de pain,

3 **avoir le regard fixe:** ins Leere starren.
craintif, ve: ängstlich.
délavé, e: verwaschen, farblos geworden.
3f. **osseux, se:** knochig.
4 **se dessiner:** sich abzeichnen, hervortreten.
7 **conclure:** hier: schließen, folgern, den Schluss ziehen.
8 **embellir:** verschönern, ausschmücken.
14 **buté, e:** störrisch.
16 **autoritaire:** hier: respektgebietend.
la fillette: kleines Mädchen.
17 **la gamelle:** Essensnapf.
18 **contrarier:** verärgern.
19f. **consciencieusement:** gewissenhaft.
20 **tremper:** hier: aufstippen.

essuyant la porcelaine jusqu'à la rendre immaculée, indifférente au reste. Autour d'elle, tous les rescapés fignolaient de même. Sous-alimentés depuis des années, ils mangeaient avec une passion brutale.

Puis Rudy l'aida à se relever en lui proposant son bras et nous présenta. Malgré son épuisement, elle eut la grâce de nous sourire.

– Vous savez, dit-elle au père Pons, je ne me suis tenue en vie que parce que j'avais l'espoir de retrouver Rudy.

Rudy battit des paupières et détourna la conversation.

– Viens, allons au piano, maman.

Après avoir traversé les salons qui semblaient sculptés dans de la meringue, franchi plusieurs portes alourdies d'épais rideaux de soie, il la déposa avec précaution sur le tabouret et souleva le couvercle de l'instrument.

Elle considéra le demi-queue avec émotion, puis méfiance. Savait-elle encore? Son pied rampa vers la pédale et elle caressa les touches des doigts. Elle tremblait. Elle avait peur.

– Joue, maman, joue! murmura Rudy.

1 **immaculé, e:** völlig sauber, unbefleckt.
3 **fignoler** (fam.): eine Handlung (über)sorgfältig ausführen, größte Sorgfalt auf etwas verwenden.
7 **la grâce:** hier: Anmut, Freundlichkeit.
11 **battre des paupières:** zwinkern, blinzeln.
15 **sculpter:** (aus)meißeln.
16 **alourdir:** schwerer machen; hier: behängen.
17 **le couvercle:** Deckel.
19 **le demi-queue:** (Stutz-)Flügel.
20 **ramper:** hochkriechen, sich hochtasten.
21 **la touche:** hier: Taste.

Paniquée, elle regarda son fils. Elle n'osait pas lui dire qu'elle doutait d'y arriver, qu'elle n'aurait pas la force, que …

– Joue, maman, joue. Moi aussi j'ai traversé la guerre en pensant qu'un jour tu jouerais de nouveau pour moi.

Elle vacilla, se rattrapa au cadre, puis observa le clavier comme un obstacle qu'elle devait vaincre. Ses mains s'approchèrent, timides, puis s'enfoncèrent délicatement dans l'ivoire.

S'éleva le chant le plus doux et le plus triste qu'il me fût donné d'entendre. Un peu grêle, un peu clairsemée d'abord, puis plus riche, plus assurée, la musique naissait, s'intensifiait, se développait, chavirante, éperdue.

En jouant, la mère de Rudy reprenait chair. Je discernais à présent, sous celle que je voyais, la femme que m'avait décrite Rudy.

À la fin du morceau, elle se tourna vers son fils.

– Chopin, murmura-t-elle. Il n'a pas vécu ce que nous venons de subir et pourtant il avait tout deviné.

Rudy l'embrassa dans le cou.

– Tu reprendras tes études, Rudy?

– Je te le jure.

7 **se rattraper:** sich festhalten.
le cadre: Rahmen, Gestell.
10 **un ivoire:** Elfenbein.
12f. **clairsemé, e:** dünn gesät, spärlich, schütter.
14 **chavirant, e:** aufwühlend, überwältigend.
14f. **éperdu, e:** leidenschaftlich.
16 **reprendre chair:** wieder lebendig werden, Gestalt annehmen (*la chair:* [lebendiges] Fleisch).
16f. **discerner:** wahrnehmen, erkennen.

Pendant les semaines suivantes, je vis régulièrement la mère de Rudy qu'une vieille fille de Chemlay avait accepté de prendre en pension chez elle. Elle reprenait des formes, des couleurs, des cheveux, de l'autorité, et Rudy qui la rejoignait le soir cessa de se montrer l'irréductible cancre qu'il avait toujours été, révélant même des dispositions étonnantes en mathématiques.

Le dimanche, la Villa Jaune devenait le lieu de rassemblement des enfants qui avaient été cachés. On amenait des environs tous ceux qui, de trois à seize ans, n'avaient pas encore été réclamés par leurs proches. Ils s'exhibaient sur une estrade de fortune dressée sous le préau. Les gens venaient nombreux, qui pour retrouver son fils, sa fille, qui pour ses neveu et nièce, qui pour une parentèle lointaine dont il s'estimait, après l'holocauste, désormais responsable. S'inscrivaient aussi des couples prêts à adopter des orphelins.

J'attendais autant que je craignais ces matinées. Chaque fois que j'avançais sur l'estrade, après la proclamation de mon nom, j'espérais un cri, celui de ma mère. Chaque fois que je rebroussais chemin dans un silence poli, j'avais envie de me mutiler.

2 **la vieille fille:** alte Jungfer.
5f. **irréductible:** unbelehrbar.
7 **la disposition:** Neigung, Begabung.
10 **les environs** (m.): Umgebung.
11 **réclamer qn:** hier: nach jdm. forschen, fragen.
12 **de fortune:** behelfsmäßig.
15 **la parentèle:** Verwandtschaft, Verwandte(r).
lointain, e: weitläufig, entfernt.
16 **l'holocauste** (m.): Holocaust, Völkermord (an den Juden).
19f. **la proclamation:** (öffentlicher) Ausruf, Aufruf.
21 **rebrousser chemin:** kehrtmachen.
22 **se mutiler:** sich etwas antun, sich selbst verletzen.

– C'est de ma faute, mon père, si mes parents ne reviennent pas: je n'ai pas pensé à eux pendant la guerre.

– Ne dis pas de sottises, Joseph. Si tes parents ne revenaient pas, ce serait la faute d'Hitler et des nazis. Mais ni la tienne ni la leur.

– Vous ne voulez pas me proposer à l'adoption?

– C'est trop tôt, Joseph. Sans un papier certifiant le décès des ascendants, je n'en ai pas le droit.

– De toute façon, personne ne voudra de moi!

– Allons, tu dois espérer.

– Je déteste espérer. Je me sens nul et sale quand j'espère.

– Sois plus humble et espère donc un peu.

Ce dimanche-là, après la traditionnelle foire aux orphelins, bredouille et humilié une fois de plus, je décidai d'accompagner Rudy qui allait prendre le thé avec sa mère au village.

Nous descendions le chemin lorsque je vis deux formes, au loin, gravir la côte.

Sans le décider, je me mis à courir. Mes pieds ne touchaient plus le sol. J'aurais pu m'envoler. J'avançais si vite que je redoutais qu'une jambe se détachât de mes hanches.

Je n'avais pas reconnu l'homme ni la femme: j'avais

9 **un ascendant:** Vorfahr; hier: Angehöriger.
12 **se sentir nul, le:** sich klein und mickrig, wertlos fühlen.
14 **humble:** demütig, ergeben.
16 **bredouille:** erfolglos (meist: *rentrer bredouille:* mit leeren Händen zurückkehren).
20 **gravir:** erklimmen, hinaufsteigen.
la côte: hier: Hang.
23 **se détacher:** sich (ab)lösen.

reconnu le manteau de ma mère. Un manteau écossais rose et vert, orné d'un capuchon. Maman! Je n'avais jamais vu quelqu'un d'autre porter ce manteau écossais rose et vert, orné d'un capuchon.

– Joseph!

Je m'abattis contre mes parents. À bout de souffle, sans pouvoir prononcer un mot, je les tâtais, je les palpais, je les serrais contre moi, je les vérifiais, je les retenais, je les empêchais de partir. Je répétais cent fois les mêmes gestes désordonnés. Oui, je les sentais, je les voyais, oui, ils étaient bien vivants.

J'étais heureux à en avoir mal.

– Joseph, mon Joseph! Mischke, tu as vu comme il est beau?

– Tu as grandi, mon fils!

Ils disaient des petites choses idiotes, insignifiantes, qui me faisaient pleurer. Moi, je ne parvenais plus à articuler. Une souffrance vieille de trois ans – la durée de notre séparation – venait de s'abattre sur mes épaules et m'avait terrassé. La bouche ouverte sur un long cri muet, je ne parvenais qu'à sangloter.

Lorsqu'ils se rendirent compte que je ne répondais à aucune de leurs questions, ma mère s'adressa à Rudy.

– Mon Josephélé, il est trop ému, n'est-ce pas?

Rudy confirma. Être à nouveau compris, deviné, par ma mère provoqua en moi une rafale supplémentaire de larmes.

1 f. **écossais, e:** schottisch (gemustert).
6 **s'abattre contre qn:** sich auf, über jdn. werfen.
7 **tâter:** abtasten.
10 **désordonné, e:** planlos, wirr.
20 **terrasser:** zu Boden werfen, überwältigen.
26 **la rafale:** Sturzbach.

Je passai plus d'une heure sans recouvrer l'usage de la parole. Pendant cette heure, je ne les lâchai pas, une main agrippée au bras de mon père, l'autre enfoncée dans la paume de ma mère. Pendant cette heure, j'appris, par le récit qu'ils firent au père Pons, comment ils avaient survécu, non loin d'ici, cachés dans une vaste ferme en travaillant comme ouvriers agricoles. S'ils avaient mis autant de temps à me localiser, c'était parce que, de retour à Bruxelles, le comte et la comtesse de Sully ayant disparu, les résistants les avaient lancés à mon sujet sur une fausse piste qui les avait conduits jusqu'en Hollande.

Tandis qu'ils narraient leurs péripéties, ma mère se retournait souvent vers moi et me caressait en murmurant:

– Mon Josephélé …

Comme j'étais comblé de retrouver le yiddish, cette langue si tendre qu'on ne peut même appeler un enfant par son prénom sans y ajouter une caresse, un diminutif, une syllabe douce à l'oreille, telle une sucrerie offerte au cœur du mot … À ce régime, je me remis et je ne songeai plus qu'à les emmener visiter

1 **recouvrer** (litt.): wiedererlangen.
3 **s'agripper:** sich festhalten, sich festklammern.
8f. **localiser:** ausfindig machen.
11 **lancer qn sur une fausse piste:** jdn. auf eine falsche Fährte führen, lenken.
13 **narrer** (litt.): erzählen.
les péripéties (f.): überraschende Ereignisse, Abenteuer.
17 **comblé, e:** äußerst zufrieden; überglücklich.
19f. **le diminutif:** Verkleinerung(sform).
20f. **la sucrerie:** Süßigkeit.
21 **le régime:** hier: Ernährung, Kost.
21f. **se remettre:** sich erholen.

mon domaine, la Villa Jaune et son parc, où j'avais coulé des années si joyeuses.

Leur histoire achevée, ils se penchèrent vers moi:

– Nous allons retourner à Bruxelles. Veux-tu bien aller prendre tes affaires?

Et c'est là que je reconquis l'usage des mots.

– Comment? Je ne peux pas rester ici?

Un silence consterné accueillit ma question. Ma mère battit des paupières, incertaine d'avoir bien entendu, mon père fixa le plafond en crispant les mâchoires et le père Pons allongea son cou vers moi.

– Qu'est-ce que tu as dit, Joseph?

Je me rendis soudain compte à quel point mes propos résonnaient atrocement aux oreilles de mes parents. La honte m'inonda! Trop tard! Cependant je bissai, espérant que la deuxième fois produirait un autre effet que la première:

– Je ne peux pas rester ici?

Raté! C'était pire! Leurs yeux s'embuèrent; ils détournèrent le visage vers la fenêtre. Le père Pons arrondit ses sourcils.

– Te rends-tu compte de ce que tu dis, Joseph?

2 **couler:** hier: verbringen.
joyeux, se: froh.
6 **reconquérir:** zurückgewinnen (*conquérir:* erobern).
8 **consterné, e:** betreten, entgeistert.
10 **crisper:** hier: zusammenbeißen.
10f. **la mâchoire:** Kiefer, Gebiss.
13f. **les propos** (m.): Worte, Reden.
16 **bisser:** eine Zugabe geben; wiederholen.
19 **s'embuer:** feucht werden.
20f. **arrondir les sourcils** (m.): die Augenbrauen hoch-, zusammenziehen.

– Je dis que je veux rester ici.

La gifle s'abattit sur moi sans que je la soupçonne. Le père Pons, la main fumante, me considérait avec tristesse. Je le regardai, effaré: il ne m'avait jamais frappé.

– Excusez-moi, mon père, bredouillai-je.

Il secoua un crâne sévère pour me signifier que ce n'était pas la réaction qu'il attendait; de l'œil, il me désigna mes parents. J'obéis.

– Excuse-moi, papa, excuse-moi, maman. C'était juste une manière de dire que j'étais bien ici, une façon de dire merci.

Mes parents m'ouvrirent leurs bras.

– Tu as raison, mon chéri. On ne saura jamais assez dire merci au père Pons.

– Non! reprit mon père.

– Tu as entendu, Mischke, il a perdu son accent, notre Josephélé. On ne va plus croire qu'il est notre fils.

– C'est lui qui a raison. Nous devrions en terminer avec ce yiddish de malheur.

Je les interrompis pour préciser en fixant le père Pons:

– Je voulais juste dire que j'allais avoir du mal à vous quitter …

2 **la gifle:** Ohrfeige.
3 **fumant, e:** hier etwa: heiß.
4 **effaré, e:** fassungslos.
6 **bredouiller:** stammeln.
7 **il secoua un crâne sévère:** er schüttelte streng den Kopf.
21 **de malheur:** unglückbringend, unglückselig.

De retour à Bruxelles, j'eus beau découvrir avec plaisir la spacieuse maison qu'avait louée mon père lancé dans les affaires avec une énergie revancharde, j'eus beau m'abandonner aux caresses, à la douceur et aux intonations chantantes de ma mère, je me sentais seul, à la dérive sur une barque sans rames. Bruxelles, immense, sans limites, ouverte à tous les vents, manquait d'un mur d'enceinte qui m'aurait rassuré. Je mangeais à ma faim, j'étais habillé et chaussé sur mesure, j'amassais des jouets et des livres dans la superbe chambre qui m'était réservée mais les heures passées avec le père Pons à réfléchir aux grands mystères me manquaient. Mes nouveaux camarades d'école me semblaient insipides, mes professeurs mécaniques, mes cours insignifiants, mon foyer ennuyeux. On ne retrouve pas ses parents juste en les embrassant. En trois ans, ils m'étaient devenus étrangers, sans doute parce qu'ils avaient changé, sans doute parce que j'avais changé. Ils avaient quitté un enfant et récupéré un adolescent. L'appétit de réussite matérielle qui habitait mon père

2 **spacieux, se:** weiträumig.
2f. **se lancer dans les affaires:** voll ins Geschäftsleben einsteigen.
3 **revanchard, e:** revanchistisch, rachsüchtig.
4 **s'abandonner:** sich hingeben, sich (genussvoll) überlassen.
5 **une intonation chantante:** singender Tonfall.
6 **à la dérive:** dahintreibend, haltlos.
la rame: Ruder.
8f. **manger à sa faim:** sich satt essen.
9 **sur mesure:** maßgeschneidert.
9f. **amasser:** anhäufen.
14 **insipide:** fade, öde.
mécanique: mechanisch, roboterhaft.
19 **un adolescent:** Jugendlicher, Heranwachsender.
20 **la réussite:** Erfolg.

l'avait tellement transformé qu'il m'était difficile de reconnaître l'humble tailleur plaintif de Schaerbeek sous le récent nabab prospère de l'import-export.

– Tu verras, mon fils, je vais faire fortune et tu n'auras qu'à reprendre mon affaire plus tard, m'annonçait-il, les yeux brillants d'excitation.

Avais-je envie de devenir comme lui?

Lorsqu'il me proposa de préparer ma bar-mitsva, ma communion, en m'inscrivant au héder, l'école juive traditionnelle, je refusai spontanément.

– Tu ne veux pas faire ta bar-mitsva?

– Non.

– Tu ne veux pas apprendre à lire la Torah, à écrire et prier en hébreu?

– Non.

– Et pourquoi?

– Je veux devenir catholique!

La réponse ne tarda pas: une gifle glacée, violente, sèche. La deuxième en quelques semaines. Après le père Pons, mon père. La Libération, pour moi, c'était surtout la libération des gifles.

2 **plaintif, ve:** wehleidig, häufig klagend.
3 **récent, e:** neu (erschienen, auf dem Markt).
le nabab: Krösus.
prospère: florierend, gutgehend.
4 **faire fortune:** sein Glück machen, Erfolg haben.
5 **reprendre:** hier: übernehmen.
8 **la bar-mitsva:** Bar Mizwa (das Fest, bei dem 13-jährige jüdische Jungen in die Glaubensgemeinschaft eingeführt werden; das entsprechende Fest für 12-jährige Mädchen heißt Bat Mizwa).
9 **le héder:** Cheder (Erklärung im Text).
18 **glacé, e:** eiskalt; gnadenlos.
violent, e: heftig, gewalttätig (dazu: *la violence*).
19 **sec, sèche:** hier: kurz, heftig.

Il appela ma mère et la prit à témoin. Je répétai et confirmai que je souhaitais adopter la religion catholique. Elle pleura, il cria. Le soir même je m'enfuis.

Sur un vélo, je refis, en me trompant plusieurs fois, le chemin qui conduisait à Chemlay et j'arrivai vers onze heures à la Villa Jaune.

Je ne sonnai même pas à la grille. Contournant l'enceinte, je poussai la porte rouillée de la clairière et me rendis à la chapelle désaffectée.

La porte était ouverte. La trappe aussi.

Comme je l'avais prévu, le père Pons se tenait dans la crypte.

Il ouvrit les bras en m'apercevant. Je me jetai contre lui et me déchargeai de mon désarroi.

– Tu mériterais que je te redonne une gifle, dit-il en me serrant doucement contre lui.

– Mais qu'est-ce que vous avez, tous?

Il m'intima l'ordre de m'asseoir et alluma quelques bougies.

– Joseph, tu es l'un des derniers survivants d'un peuple glorieux qui vient d'être massacré. Six millions de juifs ont été assassinés … six millions! Face à ces cadavres, tu ne peux plus te cacher.

– Qu'est-ce que j'ai de commun avec eux, mon père?

– D'avoir été amené à la vie par eux. D'avoir été menacé de mort en même temps qu'eux.

– Et après? J'ai bien le droit de penser différemment, non?

1 **prendre qn à témoin:** jdn. zum Zeugen anrufen.
7 **contourner:** hier: umrunden.
14 **se décharger:** sich entlasten, sich erleichtern.
le désarroi: Verwirrung, Bestürzung.
23 **le cadavre:** Leiche, Toter.

– Bien sûr. Cependant tu dois témoigner qu'ils ont existé à l'heure où ils n'existent plus.

– Pourquoi moi et pas vous?

– Moi autant que toi, chacun à sa façon.

– Je ne veux pas faire ma bar-mitsva. Je veux croire en Jésus-Christ, comme vous.

– Écoute, Joseph, tu vas faire ta bar-mitsva parce que tu aimes ta mère et que tu respectes ton père. Pour la religion, tu verras plus tard.

– Mais …

– Aujourd'hui, il est essentiel que tu acceptes d'être juif. Cela n'a rien à voir avec la croyance religieuse. Plus tard, si tu persistes à le souhaiter, tu pourras devenir un juif converti.

– Alors juif toujours, juif à jamais?

– Oui. Juif toujours. Fais ta bar-mitsva, Joseph. Sinon, tu vas briser le cœur de tes parents.

Je devinais qu'il avait raison.

– En fait, mon père, j'aimais bien être juif avec vous.

Il éclata de rire.

– Moi aussi, Joseph, j'aimais bien être juif avec toi.

Nous avons rigolé un bon moment. Puis il me saisit les épaules.

– Ton père t'aime, Joseph. Il t'aime mal, peut-être, ou d'une façon qui ne te plaît pas, peut-être, et pourtant il t'aime comme il n'aimera jamais personne d'autre et comme personne d'autre ne t'aimera jamais.

12 **cela n'a rien à voir avec …:** das hat überhaupt nichts zu tun mit …
la croyance: Glaube(n).

14 **converti, e:** konvertiert, zu einem anderen Glauben übergetreten (dazu: *se convertir à une religion*).

– Pas même vous?

– Joseph, je t'aime autant qu'un autre enfant, peut-être un peu plus. Mais ce n'est pas le même amour.

Au soulagement que je ressentis, je compris que c'était cette phrase que j'étais venu chercher.

– Libère-toi de moi, Joseph. J'ai fini ma tâche. Nous pouvons être amis maintenant.

D'un geste circulaire, il me désigna la crypte.

– N'as-tu rien remarqué?

Malgré la pénombre, je constatai que les chandeliers avaient disparu, la Torah aussi, la photo de Jérusalem … Je m'approchai des livres entassés sur les étagères.

– Quoi! … ce n'est plus de l'hébreu …

– Ce n'est plus une synagogue.

– Qu'est-ce qui se passe?

– Je commence une collection.

Il caressa plusieurs livres dont les caractères étranges m'échappaient.

– Staline va finir par tuer l'âme russe: je collectionne les œuvres des poètes dissidents.

Le père nous trahissait! Sans doute perçut-il ce reproche dans mes yeux.

– Non, je ne te trahis pas, Joseph. Pour les juifs, tu es là. C'est toi Noé, désormais.

18 **le caractère:** hier: Schriftzeichen.

20 **Staline:** Iosif (Josef) Wissarionowitsch Dschugaschwili, genannt Stalin (1879–1953), russischer Revolutionär und Diktator, ließ politische Gegner und Andersdenkende in Massen umbringen.

21 **dissident, e:** andersdenkend, abweichend (von der Meinung der Machthaber); *le dissident:* Dissident, Regimekritiker.

J'achève de rédiger ce récit sur une terrasse ombrée, en face d'une mer d'oliviers. Au lieu de me retirer avec mes camarades pour la sieste, je n'ai pas fui la chaleur car le soleil fait entrer sa gaieté dans mon cœur.

Cinquante ans se sont écoulés depuis ces événements. Finalement, j'ai fait ma bar-mitsva, j'ai repris l'affaire de mon père et je ne me suis pas converti au christianisme. Avec passion, j'ai appris la religion de mes pères et je l'ai transmise à mes enfants. Mais Dieu ne vint pas au rendez-vous …

Jamais, de toute mon existence de juif pieux puis de juif indifférent, je n'ai retrouvé le Dieu que j'avais senti lors de mon enfance dans cette petite église de campagne, entre les vitraux magiques, les anges porteurs de guirlandes et les ronronnements de l'orgue, ce Dieu bienveillant qui flottait au-dessus des bouquets de lys, des flammes douces, des odeurs de bois ciré en contemplant les enfants cachés et les villageois complices.

Je n'ai pas cessé de fréquenter le père Pons. Je suis retourné d'abord à Chemlay, en 1948, lorsque la municipalité donna à une rue le nom de Mademoiselle

1 **ombré, e:** schattig, im Schatten liegend.
3 **la sieste:** Siesta, Mittagsruhe.
14 **lors de:** bei, anlässlich.
16 **le ronronnement:** Schnurren (Katzen), Brummen; hier: Dröhnen.
17 **flotter:** hier: schweben.
17 f. **le bouquet:** Strauß.
22 f. **la municipalité:** Gemeinde(verwaltung).

Marcelle, jamais revenue de déportation. Nous étions tous là, les enfants qu'elle avait recueillis, nourris, dotés de faux papiers. Avant de dévoiler la plaque qui lui était consacrée, le bourgmestre prononça un discours sur la pharmacienne, évoquant aussi son officier de père, héros de la guerre précédente. Au milieu des fleurs, trônaient leurs deux photos. Je fixais les portraits de Sacrebleu et du colonel: les mêmes, exactement les mêmes, aussi épouvantablement laids, si ce n'est que le militaire arborait une moustache. Trois rabbins diplômés glorifièrent la mémoire et la bravoure de celle qui avait donné sa vie; le père les emmena ensuite visiter sa précédente collection.

Lors de mon mariage avec Barbara, le père eut l'occasion de se rendre dans une vraie synagogue; il vérifia le déroulement du rituel avec délectation. Par la suite, il nous rejoignit souvent à la maison pour les fêtes de Kippour, de Rosh ha-Shana ou pour les anniversaires de mes enfants. Cependant je préférais me rendre à Chemlay afin de descendre avec lui dans la

3 **dévoiler:** enthüllen.
4 **la plaque:** hier: Tafel, Schild.
5 **évoquer:** (herauf)beschwören, wachrufen; hier: an jdn. erinnern.
6 **son officier de père:** ihren Vater, den Offizier.
10 **si ce n'est que ...:** nur, dass ...
arborer: zur Schau tragen.
11 **glorifier:** preisen, rühmen.
12 **la bravoure:** Tapferkeit.
17 **le déroulement:** Ablauf.
la délectation: Genuss.
19 **Kippour, Rosh ha-Shana:** jüdische Feste. Auf das Neujahrsfest Rosch Ha-Schana folgen zehn Bußtage, die mit dem Versöhnungsfest Jom Kippur enden.

crypte de la chapelle qui offrait sans relâche le confort de son harmonieux désordre. En trente ans il m'annonça souvent:

– Je commence une collection.

Certes, rien n'est assimilable à la Shoah et aucun mal ne se compare à un autre mal, mais chaque fois qu'un peuple, sur la terre, se voyait menacé par la folie d'autres hommes, le père entreprenait de sauver les objets témoignant de l'âme menacée. Autant dire qu'il amassa quantité d'attirails dans son arche de Noé: il y eut la collection des Indiens d'Amérique, la collection vietnamienne, la collection des moines tibétains.

En lisant les journaux, je finissais par prévoir que, lors de ma prochaine visite, le père Pons m'annoncerait:

– Je commence une collection.

Rudy et moi sommes demeurés amis. Nous avons contribué à la construction d'Israël. J'ai donné de l'argent, lui s'y est installé. À mille reprises, le père Pons déclara qu'il se réjouissait de voir l'hébreu, cette langue sacrée, ressusciter.

1 **sans relâche:** ununterbrochen, immer noch (*la relâche:* Ruhepause).
5 **assimilable:** vergleichbar, gleichzustellen.
la Shoah: Shoah (der Völkermord an den Juden).
9 **autant dire …:** das bedeutet …
10 **quantité de** (litt.): eine Menge von, viele.
les attirails (m., fam.): Kram.
11 **un Indien d'Amérique:** Indianer.
12 **le moine:** Mönch.
18 **contribuer à:** beitragen zu.
19 **s'installer:** sich niederlassen.
la reprise: Wiederholung.
20 **se réjouir:** sich freuen.

À Jérusalem, l'institut Yad Vashem décida de décerner le titre de «Juste des Nations» à ceux qui, dans les temps du nazisme et de la terreur, avaient incarné le meilleur de l'humanité en sauvant des juifs au péril de leur vie. Le père Pons reçut le nom de Juste en décembre 1983.

Il ne le sut jamais, il venait de mourir. Sans doute sa modestie n'aurait-elle pas aimé la cérémonie que nous projetions d'organiser, Rudy et moi; sans doute aurait-il protesté qu'on ne devait pas le remercier, qu'il n'avait qu'accompli son devoir en écoutant son cœur. En fait, c'est à nous, ses enfants, qu'une telle fête aurait apporté le plus de plaisir.

Ce matin, Rudy et moi sommes allés fouler les sentiers de la forêt qui, en Israël, porte son nom. Le «bois du père Pons» comprend deux cent soixante et onze arbres figurant les deux cent soixante et onze enfants qu'il a sauvés.

De jeunes arbustes poussent désormais au pied des troncs plus anciens.

– Regarde, Rudy, il va y avoir davantage d'arbres, ça ne voudra plus rien dire …

– C'est normal, Joseph. Combien as-tu d'enfants? Quatre. Et de petits-enfants? Cinq. En te sauvant, le père Pons a sauvé neuf personnes. Douze pour moi. À la prochaine génération, ça constituera plus. Et sans cesse davantage. Dans quelques siècles, il aura sauvé des millions d'êtres humains.

1 f. **décerner:** verleihen.
4 f. **au péril de leur vie:** unter Einsatz ihres Lebens.
9 **projeter:** planen.
14 **fouler** (litt.): betreten.
19 **un arbuste:** Sprössling, Strauch.

– Comme Noé.

– Tu te souviens de la Bible, mécréant? Tu m'étonnes …

Non moins qu'autrefois, Rudy et moi nous montrons différents en tout. Et nous nous aimons autant. Nous pouvons nous disputer avec véhémence puis nous embrasser en nous souhaitant bonne nuit. Chaque fois que je le retrouve ici, dans sa ferme en Palestine, ou qu'il me rejoint en Belgique, nous nous accrochons au sujet d'Israël. Si je soutiens cette jeune nation, je n'approuve pas chacun de ses actes, contrairement à Rudy qui épouse et justifie les moindres pulsions du régime, même les plus guerrières.

– Enfin, Rudy, être pour Israël ne revient pas à approuver tout ce que décide Israël. Il faut faire la paix avec les Palestiniens. Ils ont autant de droits que toi à vivre ici. C'est leur territoire aussi. Ils y vivaient avant qu'on y établisse Israël. L'histoire même de notre persécution devrait nous conduire à leur adresser les paroles que, nous-mêmes, nous avons attendues pendant des siècles.

– Oui, mais notre sécurité …

2 **le mécréant** (vx., fam.): Ungläubiger.
6 **la véhémence:** Heftigkeit.
8 **retrouver:** hier: wiedertreffen.
10 **s'accrocher** (fam.): sich in die Haare geraten.
12 **épouser qc:** sich etwas zu Eigen machen, etwas vertreten.
13 **la pulsion:** Trieb, Regung.
13 f. **guerrier, ière:** kriegerisch.
19 **l'histoire même:** gerade die Geschichte …
20 **la persécution:** Verfolgung.
20 f. **adresser la parole à qn:** das Wort an jdn. richten.

– La paix, Rudy, la paix, c'est ce que nous a appris à souhaiter le père Pons.

– Ne sois pas naïf, Joseph. Le meilleur moyen d'arriver à la paix, c'est souvent la guerre.

– Je ne suis pas d'accord. Plus tu accumuleras de haine entre les deux camps, moins la paix deviendra possible.

Tout à l'heure, en regagnant la plantation d'oliviers, nous sommes passés devant une maison palestinienne qui venait d'être détruite par les chenilles d'un char. Les objets gisaient, épars, dans la poussière qui montait vers le ciel. Deux bandes d'enfants se battaient avec violence au milieu des décombres.

Je lui fis arrêter sa Jeep.

– Qu'est-ce que c'est?

– Des représailles de notre part, me répondit-il. Il y a eu un attentat-suicide perpétré par un Palestinien hier. Trois victimes. Il nous fallait réagir.

Sans répondre, je descendis de la voiture et marchai sur les gravats.

Deux bandes rivales, des garçons juifs et des garçons palestiniens, s'envoyaient des pierres. Comme ils

8 **la plantation:** Plantage.
10 **la chenille:** Raupe; (Raupen-)Kette.
le char: Panzer.
11 **épars, e:** weit verstreut, vereinzelt.
13 **les décombres** (m.): Trümmer, Überreste.
16 **les représailles** (f.): Vergeltungsmaßnahmen.
17 **un attentat-suicide:** Selbstmordattentat.
perpétrer: verüben.
20 **les gravats** (m.): (Bau-)Schutt.
21 **rivale:** rivalisierend, feindlich.
22 **s'envoyer qc:** hier: sich mit etwas bewerfen.

se rataient, l'un saisit une poutrelle, fonça sur son adversaire le plus proche et le frappa. La riposte ne tarda pas. En quelques secondes, les gamins des deux clans s'administraient de puissants coups de planches.

Je bondis vers eux en hurlant.

Eurent-ils peur? Profitèrent-ils de la diversion pour cesser le combat? Ils s'éparpillèrent en des directions contraires.

Rudy me rejoignit lentement, blasé.

En me penchant, je remarquai les objets perdus par les gosses. Je ramassai une kippa et un foulard palestinien. J'enfouis l'une dans ma poche droite, l'autre dans la gauche.

– Qu'est-ce que tu fais? me demanda Rudy.

– Je commence une collection.

1 **la poutrelle:** Balken, Eisenträger.
2 **la riposte:** Gegenschlag.
4 **administrer qc à qn:** hier: jdm. etwas verpassen.
5 **bondir vers:** losstürzen auf.
hurler: brüllen.
7 **s'éparpiller:** auseinander stieben.
9 **blasé, e:** teilnahmslos.
11 **la kippa:** Kipa (traditionelle Kopfbedeckung männlicher Juden)
12 **enfouir:** eingraben, vergraben, (ver)stecken.

Editorische Notiz

Der französische Text folgt der Ausgabe: Éric-Emmanuel Schmitt, *L'enfant de Noé*, Paris: Albin Michel, 2004. – Das Glossar enthält alle Wörter, die nicht in der Wortschatzsammlung *Thematischer Grund- und Aufbauwortschatz Französisch* (Stuttgart: Klett, 2000) enthalten sind. Dabei wurde so verfahren, dass Wörter, die dort zum Grundwortschatz zählen, in der Regel als bekannt vorausgesetzt werden; Wörter, die zum Aufbauwortschatz zählen, sind im Zweifelsfall erklärt.

Im Glossar verwendete französische Abkürzungen

adv.	adverbe
Belg.	Belgique (in Belgien gebräuchlich)
f.	féminin
fam.	familier (umgangssprachlich)
inf.	infinitif
inv.	invariable (unveränderlich)
litt.	littéraire (literarisch, gehoben)
m.	masculin
pl.	pluriel
pop.	populaire (salopp, derb)
qc	quelque chose
qn	quelqu'un
subj.	subjonctif
vx.	vieux (veraltet)

Werke von Éric-Emmanuel Schmitt

La nuit de Valognes. Arles: Actes Sud, 1991. – Schulausg. *La Nuit de Valognes.* Prés., notes, questions et après-texte par Claudia Julien. Paris: Magnard, 2005. (Classiques & Contemporains. 79.)

Le Visiteur. Arles: Actes Sud, 1993. – Schulausg. *Le Visiteur.* Prés., notes, questions et après-texte par Catherine Casin-Pellegrini. Paris: Magnard, 2002. (Classiques & Contemporains. 42.)
Dt.: *Der Besucher.* Lengwil: Libelle-Verlag, 1997.

Golden Joe. Paris: Albin Michel, 1994.

La secte des Égoïstes. *Roman.* Paris: Albin Michel, 1994.
Dt.: *Die Schule der Egoisten. Roman.* Zürich: Ammann, 2004.

Variations énigmatiques. Paris: Albin Michel. 1996.
Dt.: *Enigma.* Lengwil: Libelle-Verlag, 1997. – Hörspiel: *Enigma.* Produktion: Mitteldeutscher Rundfunk. Berlin: Der Audio Verlag, 2001.

Diderot ou La philosophie de la séduction. Paris: Albin Michel, 1997.

Le Libertin. Paris: Albin Michel, 1997.
Dt.: *Der Freigeist.* Lengwil: Libelle-Verlag, 1997. – Hörspiel: *Diderot – Der Freigeist.* Produktion: Mitteldeutscher Rundfunk. Berlin: Der Audio Verlag, 2000.

Milarepa. Paris: Albin Michel, 1997.
Dt.: *Milarepa.* Zürich: Ammann, 2006. – Hörspiel: *Milarepa.* Produktion: Rundfunk Berlin-Brandenburg. Berlin: Der Audio Verlag, 2006.

Les imaginaires du théâtre. Dossier réalisé par Jean-Claude et Sophie-Justine Lieber. Paris: Gallimard, 1997. (La Nouvelle Revue Française. 534/535.) [Enthält: Agota Kristof: *Le Monstre* – Joël Jouanneau: *L'Œil du taureau* – Éric-Emmanuel Schmitt: *Le Bâillon.*]

Frédérick ou Le Boulevard du crime. Paris: Albin Michel, 1998.

Gesammelte Stücke: *Frederick oder Boulevard des Verbrechens – Der Besucher – Der Freigeist – Enigma.* Lengwil: Libelle-Verlag, 1999.

Hôtel des Deux Mondes. Paris: Albin Michel, 1999.
Dt.: *Hotel zu den zwei Welten.* Lengwil: Libelle-Verlag, 2001.

Théâtre 1: *La nuit de Valognes – Le Visiteur – Le Baîllon – L'École du diable.* Paris: Albin Michel, 1999. – Tb.-Ausg. Paris: Librairie Générale Française, 2002. (Le Livre de Poche. 15396.)

L'Évangile selon Pilate. *Roman.* Paris: Albin Michel, 2000. Nouv. éd. 2005.
Dt.: *Das Evangelium nach Pilatus. Roman.* Zürich: Ammann, 2005. – Hörbuch: *Das Evangelium nach Pilatus.* Berlin: Der Audio-Verlag, 2005.

Monsieur Ibrahim et les fleurs du Coran. Paris: Albin Michel, 2001. – Schulausg. *Monsieur Ibrahim et les fleurs du Coran.* Prés., notes, questions et après-texte par Josiane Grinfas-Bouchibti. Paris: Magnard, 2004. (Classiques & Contemporains. 57.)
Dt.: *Monsieur Ibrahim und die Blumen des Koran.* Zürich: Ammann, 2003. – Hörbuch: *Monsieur Ibrahim und die Blumen des Koran.* Berlin: Der Audio-Verlag, 2003. – Videofilm: *Monsieur Ibrahim und die Blumen des Koran.* Berlin: Universum Film, 2004. [Als Videocassette, DVD-Video sowie Special Edition zus. mit Sonderausg. des Romans.]

La part de l'autre. *Roman.* Paris: Albin Michel, 2001.
Dt.: *Adolf H. Zwei Leben. Roman.* Zürich: Ammann, 2007.

Lorsque j'étais une œuvre d'art. *Roman.* Paris: Albin Michel, 2002.

Oscar et la dame rose. Paris: Albin Michel, 2002.
Dt.: *Oskar und die Dame in Rosa.* Zürich: Ammann, 2003. – Hörspiel: *Oskar und die Dame in Rosa.* Produktion: Norddeutscher Rundfunk. Berlin: Der Audio-Verlag, 2004.

Petits crimes conjugaux. Paris: Albin Michel, 2003.
Dt.: *Kleine Eheverbrechen.* Zürich: Ammann, 2006. – Hörbuch: *Kleine Eheverbrechen.* Berlin: Der Audio Verlag, 2006.

Théâtre 2: *Golden Joe – Variations énigmatiques – Le Libertin.* Paris: Librairie Générale Française, 2003. (Le Livre de Poche. 15599.)

Ma bibliothèque personnelle. *Conférence et lecture du 21 janvier 2004.* Pierre Assouline, interview; Louise Labé, Denis Diderot, Blaise Pascal [u. a.], auteurs des textes. Paris: Bibliothèque nationale de France, 2004. [Compact-Disc.]

L'enfant de Noé. Paris: Albin Michel, 2004.
Dt.: *Das Kind von Noah. Erzählung.* Zürich: Ammann, 2004. – Hörbuch: *Das Kind von Noah.* Berlin: Der Audio Verlag, 2005.

Mes évangiles. Paris: Albin Michel, 2004.

Ma vie avec Mozart. Paris: Albin Michel, 2005. [Mit 1 CD.]
Dt.: *Mein Leben mit Mozart.* Zürich: Ammann, 2005. [Mit 1 CD.] – Hörbuch: *Mein Leben mit Mozart.* Berlin: Der Audio-Verlag, 2006.

Odette Toulemonde et autres histoires. Paris: Albin Michel, 2006.
Dt.: *Odette Toulemonde und andere Geschichten.* Zürich: Ammann, 2007. – Videofilm: *Odette Toulemonde.* Berlin: Universum Film, 2008. [1 DVD-Video.]

Théâtre 3: *Frédérick ou le Boulevard du Crime – Hôtel des Deux Mondes – Petits crimes conjugaux.* Paris: Librairie Générale Française, 2006. (Le Livre de Poche. 30618.)

La Rêveuse d'Ostende. Paris: Albin Michel, 2007.

La tectonique des sentiments. Paris: Albin Michel, 2008.

Nachwort

Der Autor

Éric-Emmanuel Schmitt, 1960 in der Nähe von Lyon geboren, wurde innerhalb kurzer Zeit zu einem der bekanntesten und weltweit meistgelesenen Autoren Frankreichs.

Als Schüler zeigt er hervorragende Leistungen und eine besondere Begabung für Musik und Literatur. Schon als Jugendlicher schreibt er Theaterstücke und betreibt Schriftstellerei und Musik auch während seines Studiums der Philosophie. Das hindert ihn nicht daran, sehr jung das Studium abzuschließen und zu promovieren. Drei Jahre lang lehrt er Philosophie an Gymnasium und Universität – dann bleibt er endgültig bei der Schriftstellerei und erreicht in mehreren Literaturgattungen glänzende Erfolge.

In Deutschland bleibt er zunächst völlig unbekannt; mehr als zwanzig gelobte und zum Teil preisgekrönte Werke gehen am deutschen Leser vorbei – da geschieht im Jahre 2003 eine Art literarisches Wunder. Mit der deutschen Übersetzung des 2001 erschienenen Romans *Monsieur Ibrahim et les fleurs du Coran* erreicht Schmitt binnen weniger Wochen eine kaum zu übertreffende Popularität. Das kleine Büchlein zeigt die Möglichkeiten einer Harmonie zwischen den Generationen, Geschlechtern, Kulturen und Religionen und ist einer Sonderform des Islam, dem Sufismus, gewidmet.

Die Erzählung ist der zweite Band einer Reihe »Le Cycle de l'Invisible«, welche die Weltreligionen darstellt. Seltsamerweise ist der erste Band, *Milarepa* (1997, Darstellung des tibetanischen Buddhismus), nach wie vor in Deutschland fast unbekannt, während die nach *Monsieur Ibrahim et les fleurs du Coran* erschienenen Bände *Oscar et la dame rose* (dt. 2003, Christentum) sowie *L'enfant de Noé* (dt. 2004, Judentum und Christentum im Vergleich) sofort dieselbe Begeisterung auslösen. Beide sind ebenfalls bei Reclam in der Roten Reihe erschienen und seien dem Leser, der sich ein Bild von

Schmitts Gedankenwelt machen will, sehr ans Herz gelegt.[1] Außerdem enthalten sie beide ein Nachwort, das dem am Schriftsteller und Philosophen Schmitt interessierten Leser sehr viele Anregungen und Informationen liefert.

Das Erfolgsphänomen

Das Erfolgsphänomen Schmitt hält an und sucht seinesgleichen. Selten hat ein bei deutschsprachigen Lesern zunächst völlig unbekannter Autor derart gigantische Sprünge in die Bestsellerlisten gemacht. *Monsieur Ibrahim* wurde recht bald verfilmt (2003, mit Omar Sharif in der Hauptrolle) und bekam dadurch noch einen Verkaufsschub. *Oscar et la dame rose* erwies sich ebenfalls als Bestseller, und die im November 2004 erschienene deutsche Ausgabe von *L'enfant de Noé* stand innerhalb von wenigen Verkaufstagen auf allen Bestsellerlisten (wo zeitweilig alle drei Schmitt-Bände vereint waren, auch in den Hörbuchversionen!). Dieses Phänomen haben deutsche Buchhändler nur bei *Harry Potter* und Werken von Autoren wie Paulo Coelho erlebt. Obwohl sich herumgesprochen hat, dass Schmitt vor allem Theaterautor ist, und obwohl auch andere seiner Werke inzwischen auf Deutsch erschienen sind, wird sein Name bei deutschsprachigen Lesern nach wie vor mit diesen drei Erzählungen verbunden.

Die Kritiker haben mit diesem Erfolg recht wenig zu tun. *Monsieur Ibrahim* wurde zunächst einhellig gelobt, gar als »Wunder« bezeichnet (und von Elke Heidenreich wärmstens empfohlen), die Reaktionen auf *Oscar* waren schon zwiespältig: von Wiederholung wurde gesprochen und von ermüdender Simplizität. Im Herbst 2003 wurden Plagiatsvorwürfe laut: *Monsieur Ibrahim et les fleurs du Coran* zeige deutliche

1 *Monsieur Ibrahim et les fleurs du Coran*, hrsg. von Ernst Kemmner, Stuttgart 2003 (Reclams Universal-Bibliothek 9118); *Oscar et la dame rose*, hrsg. von Wolfgang Ader und Gerhard Krüger, Stuttgart 2004 (Reclams Universal-Bibliothek 9128).

Ähnlichkeiten mit dem 1975 erschienenen Roman *La vie devant soi* von Émile Ajar (Pseudonym des Schriftstellers Romain Gary). Handlungsstränge, Themen und Figuren (bis hin zu den Namen) dieses Buches, welches auch ein Bestseller war und mit dem Prix Goncourt ausgezeichnet wurde, sind bei Schmitt wiederzufinden. Bei *L'enfant de Noé* warteten die begeisterten Leser gar nicht erst ab, was die Literaturkritik sagt – nicht viel nämlich, die Rezensenten kümmerten sich kaum um den neuen Schmitt.

Was ist es also, das Phänomen Schmitt?

Eine unerhörte Begebenheit?

Was den Erfolg betrifft, gewiss. Auch, was das Erzählte betrifft, wie bei einer guten Novelle also? Nicht unbedingt. Ohne gleich Plagiat zu schreien: auch in *L'enfant de Noé* kennen wir die Fakten. Da ist zunächst wie in Louis Malles unübertroffenem Film *Au revoir les enfants* (1987) die Geschichte der von einem mutigen Priester im katholischen Internat versteckten jüdischen Jungen – mit dem Unterschied, dass Kinder und Verstecker bei Malle in Auschwitz enden. Bei Schmitt überleben sie und tun nachher aus Dank Gutes im Sinne ihrer Retter. Auch das kennen wir aus Robert Bobers ergreifendem Bericht *Berg et Beck* von 1999. Nicht nur Inhalte, auch Einzelheiten sind zum Teil sehr vertraut: das Motiv des Bettnässens bei Malle ebenso wie die geschickte Trennung der beschnittenen von den unbeschnittenen Jungen beim Duschen; die Filme von Charlie Chaplin und die Abenteuerspiele als Trost und Ablenkung im Internat. Die Geschichte der Versuche, durch schmerzhafte Manipulationen die Wirkung der Beschneidung rückgängig zu machen, erzählt Simon Perel in seinem Bericht *Ich war Hitlerjunge Salomon* (und bei seinen Lesungen in deutschen Schulen) sehr komisch und schrecklich und ohne die wohl nicht nötigen vergleichenden anatomischen Details, die Schmitt hinzufügt.

In Bobers *Quoi de neuf sur la guerre?* (1993) ist der Vater ebenfalls ein armer Schneider. Auch das Motiv des Kindes, das wirklich oder vermeintlich nicht armer Leute Kind, sondern Spross aus adligem Hause ist, hat Tradition – immer noch bewegend zu lesen in Hector Malot, *Sans famille* (1887).

Man muss nicht unbedingt unterstellen, dass Schmitt sich bei diesen Autoren bedient hat. Die Ähnlichkeiten erklären sich auch dadurch, dass die genannten Bilder und Fakten repräsentativ für die Zeit und für eine bestimmte Art von Schicksalen sind. Warum aber haben andere Autoren bei allem Erfolg doch nie einen derartigen Leserausch ausgelöst? Löst Schmitt etwas ein, was andere versprechen?

Joseph und seine Schmittschen Brüder

Neben dem Hören einer uns noch unbekannten Geschichte macht Identifikationsmöglichkeit den größten Reiz eines Buches aus. Welche Spiegelungsflächen bieten die drei Erzählungen? Jede zeigt ein Protagonistenpaar: ein hilfs- und trostbedürftiger Junge wird von einem Erwachsenen gerettet oder in seiner Qual geleitet; das Begleitpersonal gehört jeweils auch zu den Ausgelieferten oder Schuldigen oder zur Welt des Retters. In *Monsieur Ibrahim et les fleurs du Coran* ist das Kind der zu Beginn der Erzählung elfjährige Jude Momo. Von den Eltern wird er in verschiedener Weise im Stich gelassen und für wertlos erklärt. Monsieur Ibrahim, »l'Arabe du coin«, zeigt ihm auf der Basis seiner Religion, wie man Freude, Sinn und Halt im Leben findet. Der Leser begleitet beide bis zu Ibrahims Tod und erlebt, wie Momo schließlich reif genug ist, sein Leben selbst zu meistern und Ibrahims Werk weiterzuführen.

In *Oscar et la dame rose* erscheinen beide Helden schon im Titel: der zehnjährige Oscar hat Krebs und weiß, dass er sterben wird. In diesem Wissen und auch im Anspruch darauf wird er weder von seinen Eltern noch von den Ärzten wirklich unterstützt, sondern von der »Dame in Rosa«, einer Krankenhaushelferin. Sie zeigt ihm, wie er seine Existenz würdig und sinnvoll zu ihrer frühen Vollendung führen kann. Als er schließlich stirbt, ist der Tod nicht der Abbruch, sondern die Abrundung eines Lebens.

In *L'enfant de Noé* schließlich ist der kindliche Protagonist ein jüdischer Junge, den seine Eltern aus Sorge um seine Sicherheit weggeben müssen, als er sieben ist. Der Leser trifft ihn nach den drei Jahren seiner Leiden und seiner Rettung, er ist also dann wie Oscar zehn Jahre alt. Josephs Eltern sind im Vergleich zu denen Momos und Oscars deutlich positiver gezeichnet. Sie verlassen ihr Kind nur, um es vor den Nazis zu retten, nicht wie Momos aus Egozentrik oder wie Oscars aus Verzagtheit und Feigheit. Und sie lassen es auch nicht im Stich, sondern übergeben es rettenden Erwachsenen. Dann wiederholt sich die Notwendigkeit, das Kind vor Gefahr in Sicherheit zu bringen, und Joseph landet bei seinem endgültigen Retter Père Pons, der wiederum von der Apothekerin des Orts unterstützt wird.

Wo findet der Leser sich also wieder? Zunächst ganz allgemein in der Hilflosigkeit des Kindes, im tatsächlichen oder übertragenen Zustand des Verwaisten, Ausgelieferten, im Stich Gelassenen. Das ist nicht eigentlich eine kindliche Erfahrung, sondern eine existenzielle. Behütete, gewünschte Kinder von nicht gestörten Eltern leben ja gerade im Zustand vor dieser Erfahrung, nämlich in Schutz, Geborgenheit, umfassender Wärme und größtmöglicher Erfüllung nicht nur ihrer Bedürfnisse, sondern auch Wünsche. Es könnte also sein, dass viele Leser in den Schmittschen Kindern sich selbst im überwundenen Zustand der Hilfsbedürftigkeit wiederfinden.

In den hilflosen oder sogar bösen Erwachsenen spiegeln sich unsere Unzulänglichkeiten als Eltern, Erzieher, Freunde, Helfer. In den guten, starken, listenreichen Rettern jedoch sehen wir die Fähigkeiten, die in uns schlummern und von denen wir ganz sicher vermuten, dass sie bei Bedarf zur Verfügung stehen. Diese bewunderns- und begehrenswerten

Züge, die aus kleinmütigen und resignierten Erwachsenen großherzige Helfer machen, verleiht Schmitt nicht nur braven Priestern und vornehmen Damen, sondern auch ehemaligen Catcherinnen (die nachher freilich keine sind) und warmherzigen Prostituierten, die nicht nur ihren Körper geben. Dennoch sind all diese Identifizierungsversuche zu abgehoben, um wirklich den Erfolg der Geschichten Schmitts zu erklären. Die Kinderschicksale, zumal Josephs, sind auch zu speziell, als dass der Leser sie auf sich übertragen könnte. Was nimmt den Leser also noch ein in diesen Geschichten?

Wünsche und Bedürfnisse

Unabhängig vom Schicksal der drei Kinder, stellt Schmitt die Erfüllung des Wunsches, die Welt möge nicht wirklich böse sein, in Aussicht. Und wenn sie böse ist (wonach es ja durchaus bisweilen aussieht), möge es immer Menschen geben, die dem Bösen widerstehen und das Gute dagegensetzen. Weiter wünschen wir, diese Helfer mögen, wenn sie allein nicht stark genug sind, sich zusammentun und ihre Kräfte gegen das Böse bündeln. Genau das erlebt Joseph. Seine Eltern, die Comtesse de Sully, der Pater Pons, die Apothekerin und sogar und an entscheidender Stelle der Gestapomann, der sich als gut erweist, obwohl er zu den Bösen gehört, bilden zusammen ein Netzwerk, das alles möglich macht.

Und wir wünschen weiter: wenn es denn Opfer gibt (auch das lässt sich ja nicht leugnen), möge es doch immer auch Gerettete geben und diese mögen dankbar sein und das Gute weitergeben. Auch das erfüllt sich in Josephs Geschichte.

Diese Wünsche und die Dankbarkeit des Lesers gegenüber einem Autor, der uns zeigt, dass es so sein kann, sind nicht alles, was unser bisweilen verstörtes Erwachsenenherz bewegt. Da gibt es auch das Bedürfnis, Antwort auf Fragen zu bekommen, die man sich nie unverblümt zu stellen traut. Im Philosophie- bzw. Ethik-Unterricht (den es in manchen

Bundesländern schon ab Klasse 5 gibt, in allen aber ab Klasse 9, also für Kinder genau im Alter der Schmittschen Protagonisten) kann man erleben, mit welcher Unbefangenheit Kinder bis in die Pubertät Fragen stellen wie: Ist der Islam böse? Was ist überhaupt ein Jude? Ist Israel ein böser Staat, und was ist eigentlich Palästina? Gab's auch woanders Nazis oder nur in Deutschland? Sind Neonazis dasselbe wie Terroristen?[2]

In *L'enfant de Noé* finden wir einfache und einleuchtende Antworten auf Basisfragen: Was ist der Unterschied zwischen Christen und Juden? Warum wurden Juden schon immer verfolgt? Ist eine Annäherung der Religionen und Kulturen möglich? Solch einfache literarische Darstellungen existenzieller und philosophischer Fragen (scheinbar für Kinder geschrieben oder in scheinbar kindlicher Sicht formuliert) haben seit einigen Jahren großen Erfolg. Das fing 1993 an mit *Sofies Welt* von Jostein Gaarder. Dieser Klassiker der jungen Philosophie ist inzwischen eingeholt von vielen Werken, die auch hohen philosophischen Ansprüchen genügen und oft im Titel schon auf junge Adressaten oder Protagonisten deuten. Mehrere davon sind bei Reclam erschienen, so Eckhard Nordhofen, *Die Mädchen, der Lehrer und der liebe Gott* (1999).

Das Schema dieser Gattung heißt: »Stell mir eine Frage, sie kann ruhig ganz naiv sein – ich werde dir antworten.« Ganz direkt erscheint es in Tahar Ben Jelloun, *Le racisme expliqué à ma fille*. Das Buch leistet genau das, was es ankündigt, und ist seit seinem Erscheinen 1997 das am meisten benutzte Mittel im Unterricht französischer und deutscher Schulen, wenn es gilt, sich diesem heiklen Thema zu nähern.

2 Schmitt selber hat immer wieder darauf hingewiesen, wie wichtig diese Erfahrung – die er in seiner Zeit als Lehrer und Dozent vielfach gemacht hat – für ihn ist: »L'enfant est pour moi le héros philosophique par excellence« (bei einer Lesung in Stuttgart im Dezember 2004). Vgl. auch: »[La philosophie] m'a appris à être moi-même. Elle est ma colonne vertébrale. Elle n'est pas une école de vérité mais de liberté« (Michèle Stouvenot, »L'envers d'un enfant gâté«, in: *Le Journal du Dimanche*, 1998; zit. nach http://www.eric-emmanuel-schmitt.com/).

Und es funktioniert sehr gut. Der Verlag hat die Reihe erweitert, und bis jetzt erklären etwa zwanzig hochrangige Autoren so schwierige Sachverhalte wie Auschwitz, Terrorismus, Weltkrieg »à ma fille«, »à mon fils« oder »à mes petits-enfants«.

So ist Schmitt also in guter Gesellschaft, wenn er sich den großen Fragen in schlichter Darstellung nähert.

Stimmt das denn alles so, wie der Autor es uns erzählt?

Das wüsste man als Leser, jung oder erwachsen, oft gerne.

Bei *L'enfant de Noé* ist klar: Die Fakten stimmen, in der Grundform ist die Geschichte so passiert. Und wir wissen, dass – Gott sei Dank! – in Frankreich, Belgien, den Niederlanden und auch in Deutschland jüdische Kinder auf diese oder ähnliche Weise gerettet wurden und den Rettern oft auch nachträglich Dank und Ehre erwiesen wurde.

Andererseits ist die Geschichte des kleinen Joseph nicht stimmig. Das fängt schon beim Alter an: als er versteckt wird, ist er sieben, fast acht, wird aber gegen seinen Willen als jünger ausgegeben. Nach drei Jahren Versteck jedoch nennt der Verfasser ihn neunjährig, wo er doch die Freiheit jetzt endlich als fast Elfjähriger erleben könnte.

Auch die Perspektive stimmt nicht immer. Mal ist es die eines kleinen Jungen (und zuweilen wird die Naivität noch übertrieben, siehe Josephs Benehmen bei den Sullys), mal die des rückblickenden Erwachsenen, und plötzlich taucht noch ein allwissender Erzähler auf, der die Gedanken des Gestapomannes lesen kann.

Ein für Josephs Freund Rudy wichtiges Mädchen (ähnlich wie bei Malle spielt das weibliche Element in dieser ausschließlich männlichen Welt eine wichtige Rolle) heißt mal Rosa, mal Dora, obwohl es dieselbe ist.

Auch wechselt der Autor unbekümmert die sprachlichen Ebenen. Die ausgefeilte, fast übertriebene Bildlichkeit der Sprache (z. B. bei der Beschreibung der Villa als eines hingekauerten Tieres) passt ebenso wenig zu einem siebenjährigen Kind wie die überlegenen, fast herablassenden Äußerungen gegenüber dem älteren Freund.

Vielleicht ist es besser, zu fragen:

Muss denn wirklich alles stimmen?

Die Stärken der Erzählung liegen doch nicht in der absoluten Überprüfbarkeit der Fakten, sondern – und da sind wir wieder bei den vermuteten Bedürfnissen des Lesers – in dem Angebot von Fragen, das Schmitt uns durch den Pater macht:

- Welches ist Gottes Rolle in dieser Welt?
- Welche Auffassung hat Gott von dem Menschen, den er geschaffen hat?
- Worin besteht die Verantwortung der Menschheit für die Erhaltung der Kulturen?
- Wie wird der Mensch schuldig, und was kann er tun, um seine Schuld zu überwinden?

Schmitt bietet zum Teil konkrete Antworten an, wie die lakonische und sehr bedenkenswerte Behauptung, dass Gott nach der Erschaffung des freien Menschen seine Aufgabe beendet habe. Dann wieder regt nur ein Bild zum Weiterdenken an: das Aufheben einer Kipa und eines Palästinensertuchs zeigt einen Anfang im Tun und Denken. Manchmal schildert Schmitt auch nur ein Verhalten ohne jede Interpretation: wie der kleine Joseph seinen Vater verleugnet und sich ein Leben lang dafür schämt, ist ein sehr ausdrucksvolles und schlichtes Beispiel menschlicher Schuld.

Vielleicht ist auch dies das Geheimnis des Erfolgsautors:

Es muss nicht immer »Nathan« sein

Schmitts Erzählungen um die Weltreligionen sind im Moment der schlichteste und unprätentiöseste Versuch, Wahrheiten zu vermitteln, welche die Welt (seien es Herrscher oder Untertanen, Demokratien oder geknechtete Völker) anscheinend vergessen hat oder verdrängen will:

– Religionen sind gleichberechtigt, wenn auch verschieden im Angebot. Die Suche nach der falschen oder richtigen Religion widerspricht zutiefst dem Gedanken jeder Religion und jeder möglichen Vorstellung von Gott.

– Kulturen sind verschieden, und ihre Verschiedenheit ist bereichernd. Das Zerstören einer Kultur oder das untätige Zusehen bei ihrem Untergang haben dieselbe gedankliche Basis wie Völkermord.

– Menschen können unschuldig und schuldig zugleich sein, Opfer und Täter, Verfolgte und Retter: das liegt nicht immer in ihrer Entscheidung. Immer jedoch können Menschen frei wählen, ob sie ihr Leben als absurd und qualvoll wahrnehmen oder es in eigener Verantwortung mit Sinn füllen – auch ohne an Gott zu glauben!

Wenn die in der Form kleinen philosophischen Romane von Éric-Emmanuel Schmitt den Leser anregen, sich gedanklich in diese Richtung zu öffnen, dann steht er in bester Lessingscher Nachfolge.

Roswitha Guizetti

Inhalt